ДИАЛОГ 3

Рабочая тетрадь

Cornelsen

Приезжайте к нам!

Занимаемся языком.

1 **Ты с родителями в Москве в турбюро. Они интересуются актуальными акциями. Переведи им флаеры. Обрати внимание на императив.** ▶ Nach SB S. 11/4

Приезжайте к нам!

У нас вы можете покататься на байдарках и хорошо отдохнуть.

Fotolia/stockpics

Посмотрите знаменитые достопримечательности в центре столицы! Погуляйте по Красной площади!

shutterstock/vvoe

Забронируйте номер в знаменитой гостинице Украина. Гостиница расположена в центре Москвы.

www.coulorbox.de

Купите наш тур ещё сегодня. Приезжайте к нам в гостеприимный город Суздаль!

Fotolia / balakate

↗ S. 64

2 **Что подходит? Составь предложения.** ▶ Nach SB S. 11/5

1. Расскажите	к нам на море отдыхать.
2. Приезжайте	совет туристам.
3. Прочитай	что рассказывает гид.
4. Посмотри	эту книгу об Эрмитаже.
5. Слушайте,	о вашем регионе.
6. Дай	на это современное здание.

S. 57

S. 70

3 Вставь эти глаголы в форме императива множественного числа. ▶ Nach SB S. 11/5

ждать | послушать | прочитать | рассказать

1. ____________ новую песню Поли́ны Гага́риной.
2. ____________ у входа театра.
3. ____________ о поездке в Москву.
4. ____________ интересную книгу Влади́мира Войно́вича.

4 Твой друг из России хочет с родителями провести каникулы в Берлине. Дай им эти советы. ▶ Nach SB S. 11/6

Besucht zuerst das Historische Museum. Seht euch danach den Französischen Dom am Gendarmenmarkt an. Lauft außerdem über den Potsdamer Platz. Dann, am Sonntag, kommt zu uns nach …

____

____

____

____

S. 57

S. 64

5 Finde in den folgenden Sätzen alle Substantive der III. Deklination. Подчеркни их. Напиши их в таблицу. Ordne sie nach Kasus und Numerus. Begründe den Kasus. ▶ Nach SB S. 12/8

1. Ученики записывают в тетради предложения о жизни русских царей.

2. Сначала туристы идут к старым церквям города.

3. Рядом с крепостью находится новая гостиница.

4. Гид рассказывает об уникальных площадях старинного города.

Substantiv	Numerus	Kasus

Слова – наше богатство.

↗ S. 65

6 Finde die in Klammern stehenden Substantive und setze sie mit der richtigen Präposition in den entsprechenden Kasus. ▶ Nach SB S. 12/10

Папа Олега инженер ______________ (авдзо). Родители Марка работают ______ туристической ____________ (аимрф). Тётя Маши работает ____________________ (аабкирф). Марк хочет работать актёром ______________ (аеттр).

7 Подготовь небольшое интервью. Составь вопросы к этим ответам. ▶ Nach SB S. 12/10

____

– Мой родной город – Новосибирск.

____

– Он находится в Сибири на реке Обь.

____

– Наш город был основан в 1893 году.

____

– В городе живёт 1 500 000 человек.

____

– Ещё город называют столицей Сибири.

In Wortgruppen mit Zahlwörtern und Menschen verwendest du nicht die Pluralform *люди*, sondern *человек* im richtigen Kasus.

Давайте послушаем.

🎧 2 **8** Послушай, что гид рассказывает туристам. Отметь, что правильно и исправь неправильные факты. ▶ Nach SB S. 12/10

Shutterstock / Bondarenko

		Да	Нет
1.	Этот город называется Калу́га.		
2.	Калу́га находится в 160 км. от Москвы.		
3.	Калу́га расположена на Оке́.		
4.	В Калу́ге живёт 350 000 человек.		
5.	Город Калу́га был основан в 14-м веке.		
6.	В центре Калу́ги находится завод Фольксваген.		
7.	В Калу́ге есть музей Космонавтики и дом-музей К. Циолко́вского.		
8.	В музее можно увидеть модель ракеты *Восток 1*.		

Слова – наше богатство.

1а Переведи слова и реши кроссворд. ► Nach SB S. 15/16

1. wichtig *(Adj.)*
2. Berufsfachschule
3. weltweit *(Adv.)*
4. Einfluss
5. Kindheit
6. Ehre

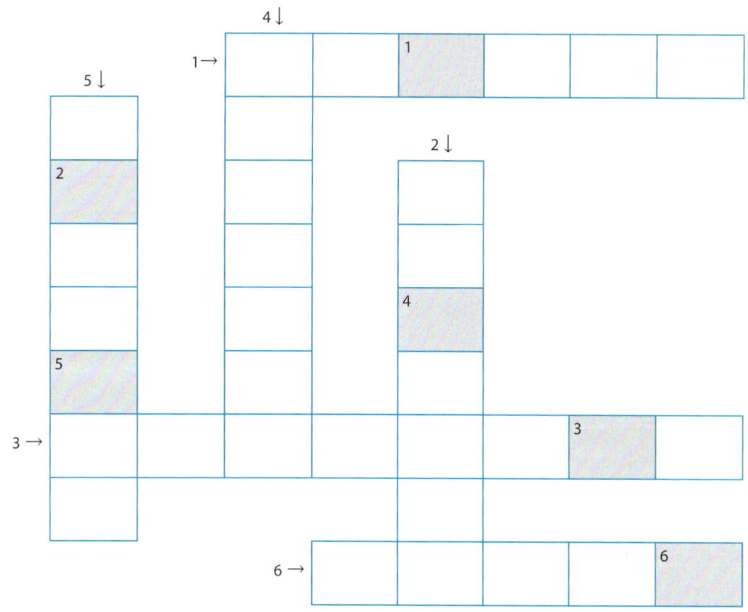

Lösungswort:

1	2	3	4	5	6		
					Ь	С	Я

↗ S. 71

б Вставь слова из упр. 1а в предложения в правильной форме.

Константи́н Циолко́вский – ______________ известный учёный в о́бласти космона́втики[1]. Ещё в ____________ он интересовался техникой.

После учёбы он работал учителем физики в _____________.

В 1880 г. он _____________ на Ва́ре Соколо́вой. Циолко́вский написал много ____________ книг о космосе и ракетной технике. Его книги оказали большое _____________ на разви́тие[2] математики и физики.

К. Циолко́вский умер 19 сентября 1935 г.

В его __________ в городе Калу́ге был основан музей и возведён[3] памятник.

akg-images / Archive Photos

Константи́н Циолко́вский (1857 г.–1935 г.)

1 auf dem Gebiet der Raumfahrt
2 Entwicklung
3 errichtet

Занимаемся языком.

2 **Образуй формы компаратива и напиши предложения.** ▶ Nach SB S. 15/3

1. Санкт-Петербург – старинный город. Но Владимир ______________________

2. Го́голь – известный писатель. Но Пушкин ______________________

3. *Гарри Поттер* – это интересный роман. А … ______________________

____

4. Это популярная песня. Но … ______________________

____

3 **Переведи рекламные объявления (флаеры).** ▶ Nach SB S. 16/4

____

____

____

Давайте послушаем.

3 **4** **Послушай объявления и заполни таблицу.** ▶ Nach SB S. 16/5

S. 57

	Поезд прибывает	Поезд отправляется	Номер поезда
Объявление 1			
Объявление 2			
Объявление 3			
Объявление 4			
Объявление 5			

Помоги другим.

5 **У тебя в гостях Миша из Калуги. Вы посещаете в Веймаре музей Иога́нна Во́льфганга Гёте. Там есть флаеры только на немецком языке. Выпиши главные факты на русском языке.**
▶ Nach SB S. 17/6

Johann Wolfgang Goethe

Johann Wolfgang Goethe wurde 1749 in Frankfurt/Main geboren. Schon in seiner Kindheit liebte er Literatur und Musik. Während seines Jurastudiums in Leipzig und Straßburg begeisterte er sich für das Theater und schrieb früh erste Gedichte. 1775 lud ihn Herzog[1] Carl August hierher nach Weimar ein. Er war begeistert von unserem Ort.

In diesem Haus lebte der weltweit bekannte Schriftsteller ab 1775. Die Freundschaft mit Friedrich Schiller[2] hatte großen Einfluss auf Goethes weiteres Schaffen. So entstanden u. a. 1797 viele Balladen nach langen gemeinsamen Gesprächen. Im Jahre 1806 heiratete er Christiane Vulpius[3].

1832 verstarb Goethe hier in seinem Wohnhaus, wo sich heute das berühmte Goethe-Nationalmuseum befindet. Goethes Werke bilden den Grundstock des deutschen Literaturerbes und haben bis heute einen großen Einfluss auf die Weltliteratur.

Shutterstock / LaMiaFotografia

Дом-музей Гёте

1 *russ.*: ге́рцог
2 *russ.*: Фри́дрих Ши́ллер → с Фри́дрихом Ши́ллером
3 Кристиа́на Ву́льпиус → на Кристиа́не Ву́льпиус

Занимаемся языком.

↗ S. 58

1 **Дополни рассказ Маши о том, где ей нравится делать покупки.**
Bilde einfache Komparativformen. ▶ Nach SB S. 19/2

Я люблю делать покупки в больших торговых центрах. Большой выбор – это стресс, но мне там ________________ (большой) нравится. Там ________________ (весёлый, интересный). Часто там намного ________________ (дешёвый), чем в маленьких магазинах. И выбор там почти всегда намного ________________ (большой, хороший). Ещё я очень люблю новогодние распродажи. Цены ____________ (низкий), а настроение ____________ (высокий)! С одной стороны, выбор ________________ (маленький), а покупателей больше. А с другой стороны, новогодние распродажи ____________ (весёлый), потому что у всех хорошее настроение. Мои друзья со мной в этом согласны.

2 **Напиши предложения по образцу.** ▶ Nach SB S. 19/4

M Старинные здания ниже, чем многоэтажные дома. –
Старинные здания ниже многоэтажных домов.

1. Новый компьютер дороже, чем новый телефон. – ________________________________

2. Летние каникулы длиннее, чем зимние каникулы. – ________________________________

3. Старый друг лучше, чем два[1] новых друга. – ________________________________
________________________________ *(Russisches Sprichwort)*

4. Маттиасу русский язык нравится больше, чем музыка. – ________________________________

1 Genitiv von *два* = *двух*

↗ S. 58
↗ S. 65

3 **Сравни факты и напиши предложения по образцу.** ▶ Nach SB S. 19/4

М 1. Дома в деревне ниже, чем дома в городе.

1.	Где дома ниже?	деревня	город	______
2.	Кто старше?	Коле 12 лет.	Нине 14 лет.	______
3.	Что дешевле?	Журнал стоит 15 рублей.	Книга стоит 100 рублей.	______ ______
4.	Какая оценка в России хуже?	2	4	______
5.	Где тише?	деревня	город	______
6.	Что едет тише?	велосипед	поезд	______

1 А
1 Б
1 В

Пишем без ошибок.

↗ S. 72

4 **Мама написала письмо. Вставь пропущенные буквы.**
▶ Nach SB S. 20/8 ▶ Wortnest S. 174–175

Коля и Катя! С__годня к нам придёт ваш дядя Саша, к__торый работа__т к__ндит__ром. У м__ня идея: печём вечер__м вмест__ блины! Купит__ в суп__рмарк__те пр__дукты: м__локо, муку, тв__рог, сахар, яйца, мёд и варень__. Не забудьте купить соль и сок!

Давайте почитаем.

5 **Прочитай флаер и дополни факты.** ▶ Nach SB S. 20/8

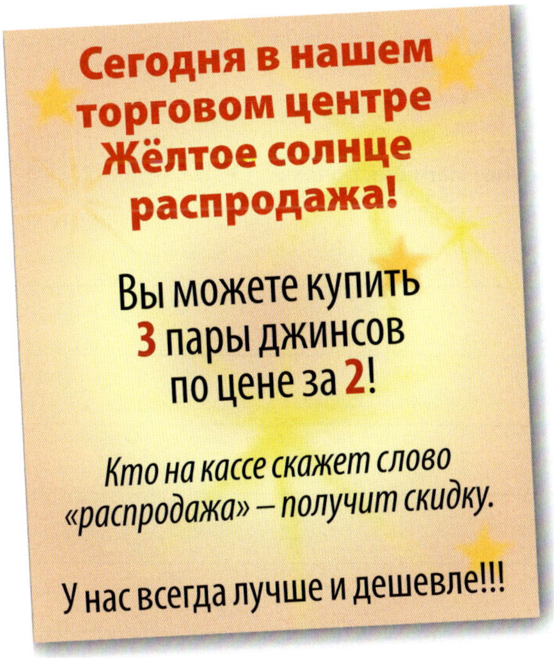

Heute Ausverkauf im: ______

______

Besondere Aktion:

______

______

Bedingung für Rabatt: ______

______

6 **Пройди тест и узнай, где тебе лучше жить.** ► Nach SB S. 21/10

Ты городской человек?

		Да	Нет
1.	Ты больше любишь отдыхать в большом парке, чем в собственном саду.	☐	☐
2.	Ты любишь проводить время с друзьями на дискотеке и после школы заниматься спортом на спортивных площадках.	☐	☐
3.	Тебе больше нравится плавать в городском бассейне, чем в пруду или реке.	☐	☐
4.	Ты больше любишь делать покупки в больших торговых центрах, чем в маленьких магазинах.	☐	☐
5.	Тебе больше нравится жить в многоэтажном доме.	☐	☐
6.	Ты любишь помогать в саду.	☐	☐

У тебя больше ответов – ДА?

Ты – городской человек. Ты любишь жизнь в большом городе, где всегда интересно и есть чем заняться.

У тебя больше ответов – НЕТ?

Ты – деревенский человек. Ты не любишь стресс и городские проблемы. Ты любишь природу, а кафе и магазины для тебя не так важны.

Учимся писать.

7 **Где ты больше любишь жить, в городе или в деревне? Напиши, почему.** ► Nach SB S. 21/11
► Wortnester S. 175–176

Проверь себя.

Занимаемся языком.

ТРКИ **1** Образуй императивы от этих глаголов. Bilde die Imperativformen. Найди правильный конец предложений. Запиши твои ответы в таблицу.

1. открыть ____________ (А) эти красивые сувениры.
2. прочитать ____________ (Б) с моими друзьями.
3. ответить ____________ (В) учебники на странице 28.
4. познакомиться ____________ (Г) на вопросы.
5. купить ____________ (Д) эту интересную книгу.

1.		2.		3.		4.		5.	

ТРКИ **2** Выбери правильное слово.

На Красной *площадь/площади/площадью* находится универмаг ГУМ. Там гуляют туристы разных *национальности/национальностях/национальностей*. Напротив ГУМа находится Кремль. В *новостях/новостями/новостей* говорили о новой выставке в Кремле. Кремль раньше был *крепость/крепости/крепостью. Церквям/Церквей/Церквями* Кремля уже много лет.

www.coulorbox.de/Julija Sapic

Кремль в Москве

3 Добавь формы сравнительной степени прилагательных. Ergänze die Komparativformen.

1. Город ____________ деревни. (größer)
2. Погода сегодня ____________, чем вчера. (besser)
3. Книга ____________ фильма. (interessanter)
4. Юля ____________ Вадима. (älter)

Давайте послушаем.

4 **4** Послушай разговор Лены и Бориса. Что правильно? Подчеркни.

1. Лене *нравится/ не нравится* отдыхать в деревне.
2. Борис *часто/редко* встречается с друзьями.
3. Лена хочет познакомиться с *друзьями Бориса/ с бабушкой Бориса*.

Проверь себя.

Помоги другим.

5 **Твоя подруга по обмену, Анна, отдыхала у бабушки на Кавка́зе (Kaukasus). Она написала тебе имейл. Передай главную информацию о Пятиго́рске на немецком языке.**

От кого:	anna_morozowa@mail.ru
Кому:	sonnenblume@gmx.ru
Тема:	Мои каникулы

Привет!!!
Этой осенью я отдыхала в Пятиго́рске у бабушки и хочу рассказать тебе о поездке. Осенью в Пятиго́рске очень красиво. Пятиго́рск – это город-курорт на Кавка́зе, который находится в горах. Там очень красивая природа, можно много гулять и ходить в походы. С 9 по 15 октября в Пятиго́рске можно посетить Ле́рмонтовский праздник поэ́зии[1]. Праздник каждый год проводится в музее-заповеднике Михаи́ла Ю́рьевича Ле́рмонтова. Ле́рмонтов был всемирно известным русским писателем 19-го века. Он погиб на дуэ́ли[2] в Пятиго́рске. В городе можно встретить много туристов. Я познакомилась там с ребятами из Москвы. Мы вместе много гуляли, было здорово.
Пиши, как твои дела и где ты был/а на каникулах.
Пока, Аня

shutterstock/helentopper

Ле́рмонтовская галерея в Пятиго́рске

1 ein Poesiefest zu Ehren des russischen Dichters Lermontov 2 Duell

Das kann ich schon.

Schätze mit den Smileys ein, was du schon kannst.

Ich kann	☺☺	☺	😐	☹
– Imperativformen sicher anwenden.				
– Details in gehörten Texten verstehen.				
– Angaben zu biografischen Daten verstehen.				
– Steigerungsformen in Vergleichen anwenden.				

Ждём вас на Байка́ле!

Слова – наше богатство.

S. 72

1а Подпиши картинки. ► Nach SB S. 31/2

1. ____________

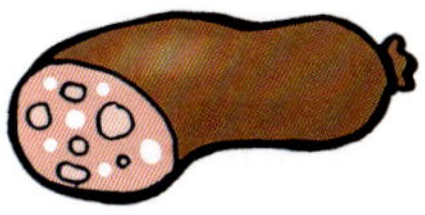

2. ____________

3. ____________

4. ____________

5. ____________

6. ____________

7. ____________

8. ____________

б Дополни слова из 1а в правильной форме.

Я думаю, что правильное ____________ – это очень важно для здоровья. Я даже умею готовить несколько простых ____________, например, спагетти. Я не очень люблю горячие ____________. Я больше люблю хлеб с ____________. ____________ я тоже не очень люблю. Из сладкого я ем только мороженое, а из ____________ я предпочитаю сок и ____________.

Занимаемся языком.

2а Вставь в предложения *никогда, нигде* и *никуда*. ► Nach SB S. 31/3

1. Я ____________ не ем на завтрак горячие блюда.
2. Коля ____________ не может найти свой мобильник.
3. Мой папа очень много работает: ____________ не ходит, ____________ не бывает.
4. Учиться ____________ не поздно. *(Sprichwort)*

б Вставь *никто, ничто* и *никакой* в правильной форме.

1. Сегодня Максим ____________ не встретил на улице.
2. У меня нет с собой ____________ фруктов.
3. Я не беру с собой ____________, кроме мобильника.
4. Катя не могла ____________ посоветовать Маше.

3 **Перепиши предложения по образцу.** ▶ Nach SB S. 31/5

(M) – У кого есть с собой мобильник? – Ни у кого нет с собой мобильника.

1. – О чём говорят друзья по дороге? – ______________________________

____

2. – О ком пишет Марина? – ______________________________

3. – С какой подругой она сегодня встречается? – ______________________________

____

↗ S. 65

4 **Вставь слова в нужной форме.** ▶ Nach SB S. 32/7

кто-нибудь | какой-нибудь | где-нибудь | когда-нибудь | как-нибудь

1. Ты хотел бы встретиться с ______________ из твоих кумиров?
2. Ты взял ______________ напитки?
3. Ты хочешь ______________ поехать на Байкал?
4. Ты видел ______________ напитки, которые мы взяли с собой?
5. Оля, расскажи нам о ______________ достопримечательностях города Казани.

↗ S. 58

5 **Томас первый раз едет в Россию и поэтому хочет написать на русском форуме. Помоги ему. Дополни правильные слова с *ни-* и *-нибудь*.** ▶ Nach SB S. 32/8

Fotolia / Monkey Business

Я ещё ______________ не был в России и очень жду встречи с моими российскими друзьями. Я ещё ______________ не купил сувениров. Сейчас я собираю сумку в дорогу. ______________ мне может посоветовать, что я могу взять с собой из Германии? Я точно не буду брать ______________ продуктов, они могут испортиться.

Я надеюсь, что ______________ меня встретит в аэропорту. Я ______________ не могу найти план московского метро ☹. Ещё я боюсь, что я ______________ забуду. Но буду надеяться, что ______________ не случится ☺.

Давайте послушаем.

5 **6** **Послушай, что рассказывают Коля и Надя о своём питании. Отметь правильные ответы.**
► Nach SB S. 33/11

Коля		Надя	
Предпочитает вредную еду.		Предпочитает полезную еду, но иногда любит и вредную.	
Ест обычно много.		Ест очень много каждый день.	
Никогда не ест перед тренировкой фаст-фуд и не пьёт лимонад.		Обычно ест немного, предпочитает горячие блюда.	
На десерт любит есть мороженое.		На десерт любит сладкое, особенно конфеты.	
Пьёт очень мало напитков.		Считает, что кола – это очень вредно.	

2 А
2 Б
2 В

Учимся писать.

7a **Прочитай мнения учеников на тему *Питание*. Подчеркни полезное питание зелёным цветом, а вредное – красным.** ► Nach SB S. 33/13

1. Я предпочитаю здоровое питание. Я ем много свежих фруктов и овощей, стараюсь есть меньше вредной еды и стараюсь не пить вредные напитки. Моя мама говорит, что полезно много пить. Надо пить не колу и лимонад, надо пить много воды.

2. Мы иногда едим вредную еду, но не часто. Вредная еда такая вкусная! Иногда мы можем есть чипсы и много сладкого. Но часто мы едим горячие блюда и много овощей. Ещё в нашей семье любят есть мясо и колбасу. Но не каждый день.

Мои друзья очень любят есть много сладкого, например, шоколад и конфеты. Моя бабушка говорит, что это очень вредно и печёт нам блины или булочки на деревенском молоке.

S. 58

6 **Напиши шесть предложений о том, что и когда ты обычно ешь и пьёшь и какую еду ты предпочитаешь.** ► Wortnest S. 174–175

Встреча с байка́льской не́рпой

Слова – наше богатство.

S. 72

1 **Составь и запиши глаголы.** ▶ Nach SB S. 35/2

-нуться | -паться | -деть | прыг- | отпра- | пока- | -виться | -щаться | -жить | -нуть | исче- | -зать | вер- | уви- | -таться | иску- | -товить | поло- | вовзра- | приго-

S. 66

2 **Подчеркни правильный глагол и поставь предложения в правильном порядке. Напиши историю.** ▶ Nach SB S. 35/2

1. Сначала мы **???** наши вещи на берегу озера. (бросили/прыгнули)
2. Мы **???** фрукты, которые взяли с собой. (поели/собрали)
3. Когда мы решили **???** в озере, вода была уже тёплой. (прыгнуть/искупаться)
4. После этого мы **???** из воды. (вышли/отправились)
5. Потом мы **???** в воду. (прыгнули/возвращались)
6. Когда мы вышли из воды, мы **???** рюкзаки. (прыгнули/взяли)

3 Прочитай, что пишут школьники. Вставь подходящие слова в правильной форме. ▶ Nach SB S. 37/8

> хорошо, предпочитать, любить (2х), скучно, смешно, рад (2х), бояться, грустно, интересно, удивлён, плохо

1. Катя: Я была очень ______ и ______, что встретила сначала в кафе свою подругу Ольгу, а потом на улице ещё и Машу. Потом мы решили посмотреть фильм и купили билеты в кино. Мы очень ______ провели вечер.

2. Игорь: Я ______ купаться, потому что я не умею плавать и чувствую себя в воде очень ______. Я ______ кататься на велосипеде и всегда ______ поиграть в футбол с друзьями.

3. Олег: Моя младшая сестра очень ______ цирк. Ей там всегда ______ и ______. А мне в цирке часто ______ и ______. Я ______ концерты поп- и рок-музыки.

Занимаемся языком.

S. 58

4 Ergänze die passende Aspektform. Achte auf die richtige Zeitform. ▶ Nach SB S. 35/3

прыгнуть/прыгать

1. Коля ______ в воду.
2. Коля ______ в воду.

сделать/делать

3. Марина сейчас ______ задания по истории.
4. Марина уже ______ задания по истории.

вернуться/возвращаться

5. Девушки ______ к озеру.
6. Девушки ______ к озеру.

5 **Lies und markiere die Signalwörter. Stelle mit Symbolen (⇉ für parallel ablaufende Handlungen und → für aufeinanderfolgende Handlungen) dar, ob die Handlungen gleichzeitig oder nacheinander ablaufen. Setze die richtige Verbform ein.** ▶ Nach SB S. 35/4

	Symbol	
1. После школы, Коля сначала ______ на велосипеде, а потом ______ с другом по телефону. Коля ______ на велосипеде и ______ с другом.		покататься/кататься поговорить/говорить
2. Сначала Лена ______ уроки, а после этого она ______ телевизор. Лена ______ уроки и ______ телевизор.		сделать/делать посмотреть/смотреть

6 **Прочитай рассказ Ивана о поездке на Байкал этим летом и вставь правильные формы глаголов. Markiere unvollendete Verben und die dazugehörigen Signalwörter blau, vollendete grün.**
▶ Nach SB S. 36/5

встретиться/встречаться | позвонить/звонить | отправиться/отправляться

Каждый год на каникулах мы ______ с друзьями на озере Байкал. Завтра я ______ с Машей и Максимом, и мы вместе поедем на озеро. Обычно мы ______ в поездку утром, но завтра мы ______ днём, потому что Маше надо ещё купить новый купальник. Когда мы отдыхаем, мы обычно каждый день ______ домой, но в этот раз мы ______ домой только несколько раз.

Учимся писать.

7 **Ответь на вопросы. Напиши твои ответы в тетради.** ▶ Nach SB S. 37/9

1. Что ты (не) любишь делать по выходным?
2. Что тебя (не) интересует?
3. Чему ты (не) рад/а?
4. Где и как ты (не) любишь отдыхать?
5. Где тебе (не) весело?
6. О чём ты (не) мечтаешь?

Озеро Байка́л – чудо природы! 2B

Слова – наше богатство.

1a **Переведи слова и реши кроссворд.** ▶ Nach SB S. 38/1

1. Tier
2. Felsen
3. Verschmutzung
4. Wunder
5. wichtig *(Adv.)*
6. klettern
7. einhalten (z. B. Regeln)
8. noch
9. Schutz
10. schwer *(Adj.)*
11. Müll
12. Insel
13. Pflanze
14. Mitte
15. wünschen

Shutterstock / Mikhail Markovskiy

Озеро Байка́л

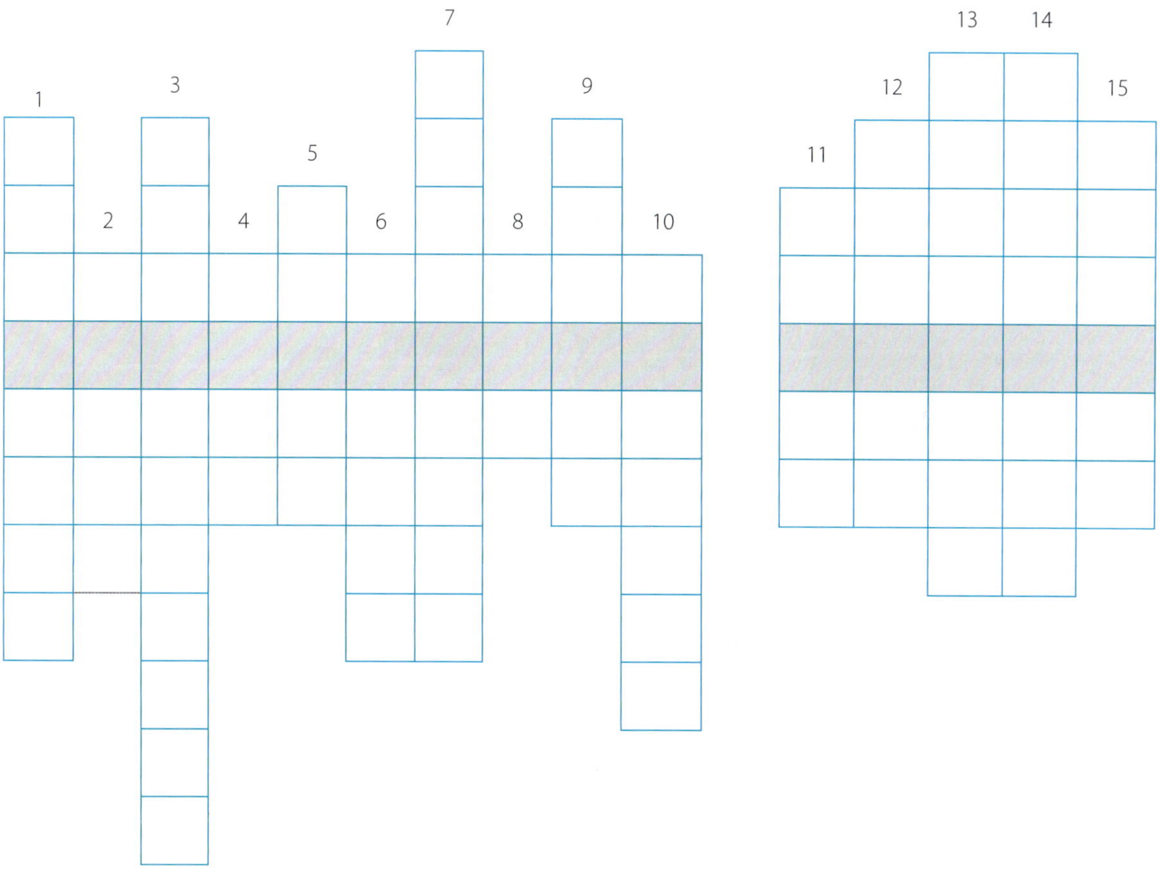

Lösungswort: ______________________

б **Ergänze das Lösungswort im richtigen Kasus.**

1. Леса, реки, озёра – всё это наша ______________________.
2. Ученики на уроке биологии много говорят об ______________________.
3. 5-го июня в России день охраны ______________________.

2 **Напиши, чем ребята занимаются в свободное время. Потом напиши, чем занимаешься ты.**
▶ Nach SB S. 40/7

____
____
____
____
____
____
____

	 Наташа	 Вова
	X	
		X
	X	
		X

Занимаемся языком.

3 **Напиши предложения. Используй *этот* и *тот*.** ▶ Nach SB S. 39/2

M 1. Сегодня погуляем по этому острову, а завтра по тому.
2. ______________________________
3. ______________________________
4. ______________________________

↗ S. 59 **4** **Ordne richtig zu. Напиши предложения.** ▶ Nach SB S. 41/9a

выбрасывать *(3. Pers. Pl.)*	верхом	______________
ездить *(1. Pers. Sg.)*	рыбу	______________
кормить *(2. Pers. Pl.)*	костёр	______________
разжигать *(3. Pers. Sg.)*	животных	______________
ловить *(2. Pers. Sg.)*	мусор	______________

Помоги другим.

5 Прочитай информацию и выпиши важные факты для доклада на уроке биологии на немецком языке. ► Nach SB S. 41/10

Pribaikalski Nationalpark

Прибайкальский национальный парк

Прибайкальский национальный парк был основан в 1986 г. для охраны природы – растительного и животного мира и археологических и историко-культурных объектов. Парк находится на западном берегу Байкала и включает в себя самую большую территорию – 470 км, которую охраняют. В красную книгу Иркутской области включено 77 видов разных растений. В парке живёт 25 видов рыб, 4 вида животных, которые могут жить на земле и в воде, 5 видов рептилий, 64 вида млекопитающих животных и 340 видов птиц. 66 видов животных занесены в Красную книгу Иркутской области.

6 Ты прочитал/а статью́ (Zeitungsartikel) и хочешь рассказать о ней твоим одноклассникам. Передай им главную информацию на немецком языке. ► Nach SB S. 41/10

Туристы спасли́[1] молодую нерпу

Зимой на Байкале можно встретить много туристов. Так и в январе Оксана и Дима, студенты из Москвы, гуляли по льду озера. Была хорошая погода, без ветра, и температура была около 20 градусов мороза. Был чудесный вид: лёд, солнце и голубые облака. Вдруг ребята увидели белое животное и услышали кри́ки[2]. Дима подумал, что это, наверное, белая кошка, но таких больших кошек на Байкале нет. Это была маленькая нерпа. Вокруг никакой лу́нки[3] не было, только лёд и совсем не было воды. Ребята взяли нерпу с собой и так спасли её от голода. Теперь Снежка, так её зовут, живёт в нерпинарии в курорте Листвянка. Она пьёт специальное молоко и хорошо растёт.

1 retteten 2 Schreie 3 Eisloch

Проверь себя.

Занимаемся языком.

ТРКИ **1** **Выбери правильное слово.**

1. Ночью мы ??? не слышали.
   - ☐ ничему
   - ☐ ничто
   - ☐ ничего

2. Мария надеется встретить ??? из друзей сегодня на концерте.
   - ☐ кто-нибудь
   - ☐ кого-нибудь
   - ☐ с кем-нибудь

3. Сначала школьники поехали на ??? остров, а потом на ???.
   - ☐ этот/этот
   - ☐ этот/тот
   - ☐ тот/тот

2 **Вставь правильный глагол.**

послушать/слушать   прочитать/читать   поесть/есть

1. Коля __________ музыку, __________ книгу и __________ суп.
2. Сначала Коля __________ музыку, потом он __________ книгу и после этого __________ суп.

Давайте почитаем.

3 **Посмотри на историю в картинках и подбери подходящие предложения. Запиши историю в тетрадь.**

1. По дороге мы любова́лись[1] уникальной природой и растениями.
2. Мы взяли с собой только напитки, мобильники и полотенца.
3. Когда мы пришли к озеру, нам было очень грустно, потому что там было очень много мусора.
4. В прошлом году мы решили поехать на Байкал и собрали рюкзаки.
5. Мы видели, что на Байкале нельзя разжигать костёр и выбрасывать мусор.
6. Наконец мы пришли к озеру и увидели, что вода гря́зная[2].

1 sich an etwas erfreuen   2 schmutzig

Проверь себя.

Слова – наше богатство.

ТРКИ **4** **Выбери правильные ответы.**

1. Мы **???** горячие блюда.
   - ☐ готовим
   - ☐ советуем
   - ☐ портятся

2. Катя **???** в сумку полотенца и купальники.
   - ☐ решила
   - ☐ увидела
   - ☐ положила

3. Сегодня день окружающей **???**.
   - ☐ животного
   - ☐ среды
   - ☐ растения

4. После того, как они искупались, они вернулись **???**.
   - ☐ на берег
   - ☐ домой
   - ☐ в магазин

5. Здесь нельзя **???** животных.
   - ☐ кормить
   - ☐ курить
   - ☐ увидеть

6. Мы в день охраны природы **???** мусор.
   - ☐ встретим
   - ☐ катаемся
   - ☐ собираем

7. На завтрак полезно есть **???**.
   - ☐ сладкое
   - ☐ бутерброды
   - ☐ йогурт и фрукты

8. На обед вредно есть **???**.
   - ☐ сладкое
   - ☐ простые блюда
   - ☐ горячие блюда

9. Вечером лучше не есть **???**.
   - ☐ очень много
   - ☐ салат из овощей
   - ☐ сыр и колбасу

Учимся писать.

5 **Представь себе, что вчера ты был/а у этого озера. Опиши, какая была погода, что ты увидел/а и какие у тебя были эмоции.**

www.coulorbox.de

____

____

____

____

Das kann ich schon.

Schätze mit den Smileys ein, was du schon kannst.

Ich kann	☺☺	☺	😐	☹
– die Aspekte der Verben sicher anwenden.				
– über gesunde Ernährung sprechen.				
– Gefühle ausdrücken.				
– Texte nacherzählen.				
– Erlebnisse schildern.				

2

Чего они от меня хотят?

Занимаемся языком.

↗ S.59 ↗ S.73

1 **Задай вопросы по образцу и запиши предложения.** ▶ Nach SB S. 51/4

M (мяч/Маша) – Чей это мяч? – Это мяч Маши.

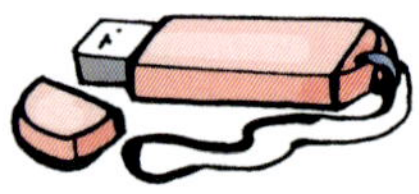

Иван

мама

Маша

Кира

школьники

____

____

____

____

↗ S.60

2 **Вставь глаголы в правильной форме и придумай название истории.** ▶ Nach SB S. 52/6

интересоваться | собраться | случиться | бояться | понравиться | заниматься

____

Недавно я познакомилась с новым другом. Мы с ним ______________ и ______________ спортом. Однажды мы ______________ на озеро. Моей маме эта идея не ______________. Она ______________, что с нами может что-нибудь ______________. Мы весь день купались в озере и катались на велосипедах. Этот день нам очень ______________.

Слова – наше богатство.

↗ S. 66

3 **Напиши глаголы в кроссворд по-русски. Alle Verben stehen im unvollendeten Aspekt.**
▶ Nach SB S. 52/8

1. rausbringen *(etw.)*
2. zu spät kommen
3. aufstehen
4. verschlafen
5. sich waschen
6. sich anziehen
7. schlafen
8. zurückkehren

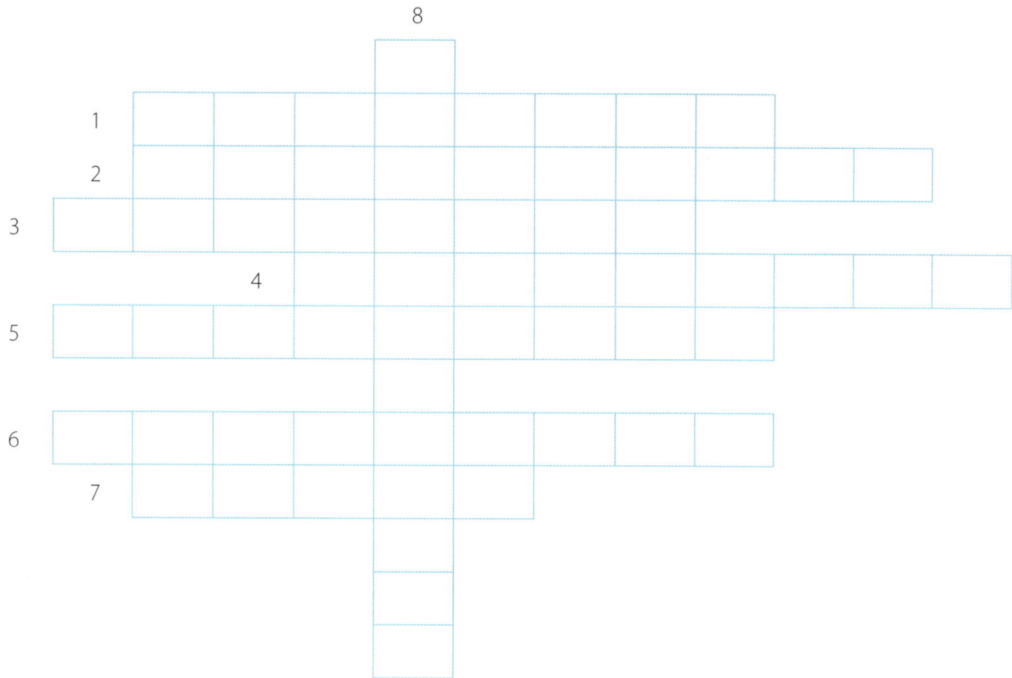

↗ S. 60

4 **Напиши, что делает Юра во сколько часов.** ▶ Nach SB S. 52/8

5 Напиши, что говорит мама детям и что они ей отвечают. ► Nach SB S. 53/12

Давайте послушаем.

6 **6** Послушай, кто что говорит и отметь правильные ответы. ► Nach SB S. 52/8

Иван	Сёстры Маша и Оля
Он утром *встаёт поздно/ встаёт в 6 часов утра/ часто просыпает.*	Сёстры утром встают *рано/поздно* и *быстро собираются в школу/ долго завтракают.*
Он учится *хорошо/плохо.* В школе ему *интересно/ неинтересно.* Но ему не нравится, что *много/мало* домашних заданий.	Последний урок у Маши и Оли кончается *в три часа/вечером.* Обычно им в школе *скучно/ неинтересно/весело.*
После школы он *занимается музыкой/спортом/ ходит гулять.*	После школы они идут *домой/ в кафе с друзьями* и *отдыхают/ помогают маме.*
Он ложится спать *поздно/ не очень поздно.*	После ужина они любят *играть на компьютере/ читать/ смотреть телевизор.*

Слова – наше богатство.

1a **Прочитай ещё раз письмо Михаэля в учебнике на стр. 54. Вставь пропущенные буквы и перепиши слова.** ▶ Nach SB S. 55/2

вм___ст___	______________	г___с___д___рств___нн___ й	______________
дн___вн___к	______________	д___п___лн___т___льн___	______________
п___х___ж	______________	___н___стр___нн___ й	______________
___тл___ч___ ___	______________	з___п___с___в___тьс___	______________
т___кж___	______________	р___сп___с___в___тьс___	______________

б **Добавь слова из упр. 1а в правильной форме.**

Михаэль сейчас учится в ______________ средней школе в России. Эта школа ______________ на его немецкую школу. Там ______________ по 6-7 уроков в день. Но есть и ______________. ______________ математики у них алгебра и геометрия. Каждый ученик должен выбрать только один ______________ язык. Учителя ставят оценки в ______________ и родители ______________ в них. После школы Михаэль ______________ в музыкальный кружок. Там они ______________ занимаются современной и классической музыкой.

Занимаемся языком.

2 **Вставь местоимения.** ▶ Nach SB S. 55/2

Я хочу рассказать о ______________ школе.
Она находится в центре ______________ района.
Вот справа на первом этаже вы видите ______________ столовую. Слева вход в ______________ спортзал. А теперь давайте познакомимся с ______________ друзьями.
Это ______________ лучший друг Максим, я с ним люблю играть в футбол. Мы вместе играем за команду ______________ школы. А это ______________ подруга Даша. Я часто встречаюсь с ______________ друзьями после школы. Обычно мы ходим в ______________ любимое кафе или гуляем вместе в парке недалеко от ______________ школы.

↗ S. 61

3 **Переведи словосочетания и добавь их в правильной форме.** ▶ Nach SB S. 55/3

1. Юра написал о ______________________ (unsere Schule) в Гамбурге.
2. В мае мы вместе с ______________________ (unser Lehrer) поедем в Россию.
3. До ______________________ (unsere Reise) мы сделаем фильм о ______________________ (unsere Stadt).
4. Сегодня после уроков мы встретимся с ______________________ (meine Freundin) у входа школы.
5. Как зовут ______________________ (dein Freund)?
6. Расскажите о ______________________ (eure Freunde).

Помоги другим.

4 **Прочитай, что Оля ответила на вопросы твоих родителей и передай им главные факты. Сделай заметки на немецком языке.** ▶ Nach SB S. 57/9

От кого:	olga.dorozina@mail.ru
Кому:	regenbogen@gmx.de
Тема:	Моя школа

Привет!

Вот мои ответы на ваши вопросы.
Я очень интересуюсь физикой, и поэтому я записалась в кружок физики.
Я уже участвовала в олимпиаде по физике.
Также я каждый год участвую в конкурсе по математике.
Кроме того, я люблю петь и уже два года пою в нашей музыкальной группе.
Я интересуюсь современной поп-музыкой.
Мои любимые предметы – физика, информатика и музыка.
Пиши, чем интересуешься ты.

До связи, Оля

shutterstock/mimagephotography

____

____

____

____

Давайте почитаем.

S.73

5 **Прочитай письмо директора школы. Сначала отметь в тексте ответы на эти вопросы. Потом запиши ответы.** ► Nach SB S. 57/11

1. О какой карте ты узнал/а?
2. Что ты узнал/а об этой карте? Что с ней можно делать?
3. Кто написал это письмо?

Дорогие родители!

В новом учебном году мы предлагаем в нашей школе работать с новой электронной картой фирмы Школ-инт. Наше время – это время интернета и нельзя закрывать глаза на прогресс в этой сфере.

У электронной карты есть разные функции: с по́мощью[1] карты вы сможете смотреть в интернете оценки и домашние задания ваших детей. Также вы будете получать всю новую информацию о нашей школе. С этой картой можно заказывать обеды в нашей столовой и ученики с 6-го класса смогут в столовой платить этой картой. Кроме того, с помощью этой карты вы сможете лучше следить за детьми. Вы будете получать эсэмэску, когда дети находятся в школе и когда они идут домой.

Приглашаю вас на роди́тельское собра́ние[2], где вы можете получить ответы на ваши вопросы о нашей новой карте.

Ваш Н. Ю. Белов,
директор средней школы им. Л.Н. Толстого

1 mit Hilfe 2 Elternversammlung

Занимаемся языком.

↗ S.67

1 Вставь местоимение *свой* в правильной форме. ► Nach SB S. 59/4

M Я выгуливаю свою собаку.

1. Коля сделал ________ задание.
2. Маша рассказывает о ________ проблемах с родителями.
3. Максим сегодня встречается со ________ симпатичной девушкой.
4. У каждой школы есть ________ учебный профиль.

↗ S.61

2 Вставь правильные местоимения. ► Nach SB S. 59/5

1. После школы Нина встречается со ________ братом. Он ей рассказывает о ________ друзьях. Это Нине интересно, потому что она тоже знает ________ друзей.
2. Вот собака Кости. Костя любит играть со ________ собакой. Иногда и ________ друг Саша гуляет с ________ собакой.
3. Маша вчера вечером была у ________ дедушки и показала ему ________ фотографии из Москвы. Ему понравились ________ фотографии.
4. Мои друзья любят играть на ________ смартфоне, а не на ________, потому что у меня новый и очень современный смартфон.

↗ S.61
↗ S.73

3 Перепиши предложения по образцу. ► Nach SB S. 60/7

M Папа вынес мусор. → Мусор был вынесен папой.

1. Учитель проверил задание. → ________________________________
2. Ученики записали домашнее задание в дневники. → ________________________________
3. Симпатичный брюнет купил мобильник. → ________________________________
4. Продавец показал платье. → ________________________________
5. Художник открыл музей. → ________________________________

Давайте почитаем.

4 **Прочитай письма в чате и напиши, кто с кем может дружить.** ▶ Nach SB S.60/9

Fotolia / onot

Меня зовут Костя. Мне 17 лет и я учусь в 11-м классе. Я увлекаюсь баскетболом – играю в команде нашего района, мечтаю поехать в США, чтобы увидеть игру моей любимой команды в Лос-А́нджелесе.

shutterstock/ Panptys

Я Варя. Я каждую свободную минуту занимаюсь танцами. Уже в 6 лет я танцевала в балетном ансамбле. Летом я увидела балет *Роме́о и Джулье́та*[1] в Большом театре. Это было просто классно.

shutterstock/BarsKsind

Я Серёжа – фанат рок-н-ролла. У меня есть своя группа – *Мы рок-н-роллеры* – с которой я тренируюсь по 4 раза в неделю. В октябре мы поедем в Берлин на конкурс европейского рок-н-ролла.

shutterstock/Visual Generation

Кто со мной мечтает об Америке? Я – Света и очень интересуюсь спортом, особенно такими видами, которые любят в США, – регби и баскетбол. Мои кумиры – американская команда *Chicago Bulls*.

1 Romeo und Julia

5 **В России есть много пословиц о дружбе и о любви. Соедини части предложений. Подумай, какие похожие пословицы есть в немецком языке.** ▶ Nach SB S.60/10

Любовь – кольцо,	любить одну, гулять с другой.
Где нет любви,	там нет и радости.
Нельзя, мой друг родной,	а у кольца нет конца.
Любить тяжело,	начинается с глаз.
Любовь	не любить – тяжелее того.

Слова – наше богатство.

6 **У Светы есть брат Александр. Он хочет рассказать о себе и о семье своей сестры. Дополни его рассказ.** ▶ Nach SB S. 61/11

Я Александр – __________ Светы и __________ Вани. Ваня – __________ моей сестры Светы и её __________ Сергея. У Сергея есть __________ Варя. __________ Сергея и Вари зовут Виктор, а __________ – Валентина. Валентина – __________ Вани, а Виктор – его __________.

Давайте послушаем.

7 **7** **Послушай, что рассказывает Варя о своей семье. Добавь факты.** ▶ Nach SB S. 61/11

Мой отец – __________. Он женат на __________.

У них есть _____, _____ и один _____.

Моя _______ – Валентина. Она __________ за Виктором.

Я – Варя. Мне _____ лет. У меня есть _______.

Мой _____ – __________. Ему _____ лет.

______ – жена Сергея. У Сергея и Светы есть ______.

Ваня – ______ моего _______ Сергея и его _______ Светы. Он внук __________ и __________.

Помоги другим.

8 **Представь, что ты участвуешь в школьном обмене. Твоя подруга Натали влюбилась в одного мальчика из Москвы и написала ему письмо по-немецки. Помоги ей написать это письмо по-русски.** ▶ Nach SB S. 60/10

Hallo Kostja,

ich will dir schon seit einigen Tagen sagen, wie toll ich dich finde. Mir gefällt total, wie du tanzt. Ich habe mich richtig heftig in dich verliebt! Wollen wir uns mal treffen und etwas zusammen machen?

Deine Natalie

Проверь себя.

Слова – наше богатство.

1 **Прочитай текст и заполни пропуски нужными словами. Запиши твои ответы в таблицу.**

(А) также (Б) дополнительно (В) похожи (Г) кружков

(Д) по обмену (Е) отличие (Ж) записывается

Мы хотим рассказать о нашей гимназии. В ________ (1) от других школ нашего города у нас школа-интернат. С девятого класса мы учим ________ (2) к английскому и русскому языкам ещё французский язык. В школе предлагают много разных ________ (3).
Каждый ученик ________ (4) в один или два кружка. Ещё у нас есть обмен учениками. С моим другом ________ (5) из России я часто общаюсь по интернету. ________ (6) мы летом встречались в Берлине.
Мы с ним ________ (7) и любим заниматься математикой и физикой.

1	2	3	4	5	6	7

Занимаемся языком.

ТРКИ **2** **Найди правильную форму глагола.**

1. Я утром *собираюсь/собираемся/собираетесь* в школу и беру с собой свою сумку.
2. Мой друг тоже *учусь/учится/учатся* в нашей школе, но в 9-м классе.
3. Саша и Олег *занимаемся/занимаются/заниматься* в музыкальном кружке.
4. Мои родители *расписываемся/расписываетесь/расписываются* в дневнике.

3 **Вставь правильное местоимение.**

1. Мой друг берёт ________ сумку в школу. В ________ сумке есть книги и тетради.
2. Катя любит рассказывать о ________ школе. В ________ школе всегда весело и интересно, там много кружков.
3. Иван рассказывает ________ другу всё, что с ним случается.

3

Проверь себя.

4 **Выбери правильный вариант.**

1. Брат пишет письмо *своя мать/ своей матери/ своей матерью*.
2. Мама просит *свою дочь/ своей дочери/ своей дочерью* позвонить ей.
3. Мать и отец ждут в гости *своя дочь/своей дочери/свою дочь*.
4. Наташа встречается после школы *от своей матери/ со своей матерью/ к своей матери*.

Помоги другим.

5 **В Москве все любят ходить в планетарий. Прочитай флаер и напиши факты по-немецки.**

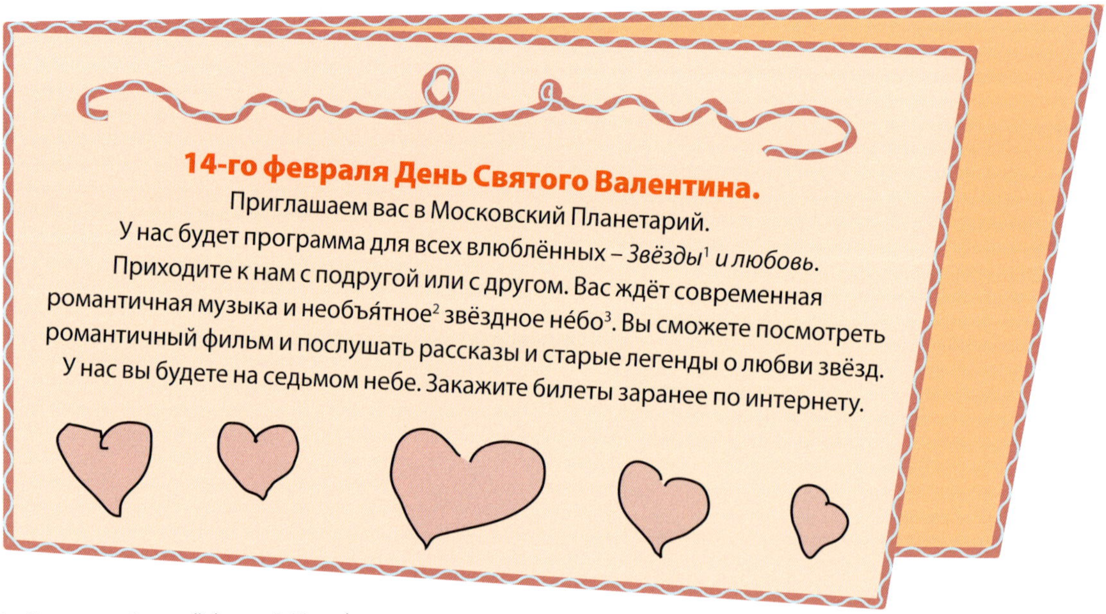

1 Sterne 2 unendlich 3 Himmel

Ort der Veranstaltung: ______________________________

Datum: ______________________________

Programm: ______________________________

____

____

Das kann ich schon.

Schätze mit den Smileys ein, was du schon kannst.

Ich kann	☺☺	☺	😐	☹
– über meinen Tagesablauf sprechen.				
– meine Schule beschreiben.				
– über Freundschaft und Liebe sprechen.				
– den wesentlichen Inhalt aus Texten für andere wiedergeben.				

Слова – наше богатство.

1a Дополни в тексте пропущенные слова в правильной форме. ▶ Nach SB S. 71/3

Россия – страна рекордов.

Россия – мультикультурная ____________ (1). В России живёт много ____________ (2). Чтобы увидеть Россию, можно ________________________ (3) на самолёте. Но чтобы понять Россию, лучше отправиться в ___________________ (4) на ___________ (5) по Транссибу – самой длинной в мире железной __________ (6). В этом ______________________ (7) путешествии можно познакомиться с местными ________________ (8) и местной ________________(9) регионов.

6 Реши кроссворд. Вставь слова из упр. 1a в нача́льной фо́рме (Grundform). Finde heraus, was *Vorurteile* auf Russisch heißt.

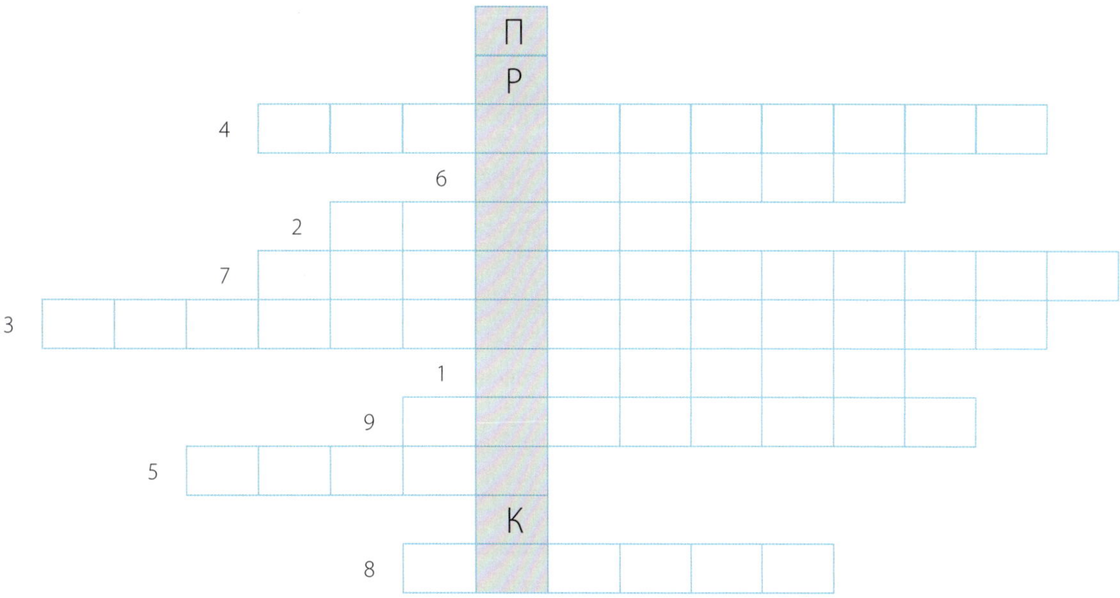

Занимаемся языком.

2 Подчеркни в тексте все формы суперлатива. ▶ Nach SB S. 72/5

Можно сказать, что Россия – не только самая большая страна, но и родина географических рекордов. На поездах Транссиба можно совершить самое незабываемое путешествие к самому глубокому в мире озеру – Байкалу. Озеро Байкал – одно из самых красивых и старых озёр мира. Ему 25 миллионов лет. Байкал является самым старым озером мира.

S. 67

3 **Напиши предложения по образцу.** ▶ Nach SB S. 72/5

M Волга – самая длинная река в Европе.

река Волга Россия Оймякон Транссиб Московский Кремль	самый	большой длинный холодный красивый	место в мире, где живут люди крепость в России страна в мире железная дорога в мире река в Европе

____

____

____

____

4 **Вставь суперлативы в текст в нужной форме.** ▶ Nach SB S. 72/6

1. Россия – ______________ страна в мире.
2. По ______________ железной дороге в мире – Транссибу – часто ездят туристы.
3. В ______________ здании в России, в Меркурий Сити Тауэр, 75 этажей.
4. Многие туристы любят быть на Камчатке недалеко от ______________ вулкана Азии – Ключе́вской со́пки.

Shutterstock / Gennady Teplitskiy

Вулкан на Камча́тке

Давайте почитаем.

S. 62

5 **Прочитай отрывок из сочинения Кати. Подчеркни и выпиши в тетрадь ответы на вопросы.** ▶ Nach SB S. 73/12

– Где и с кем Катя провела каникулы?
– Что она там делала?
– Какая была погода?
– Что она думает о таком отдыхе?

На прошлых каникулах я была у своей тёти в Суздале в России. Я посетила там много достопримечательностей, древних церквей и музеев. Я убеждена, что такой отдых помогает лучше познакомиться с местной культурой, узнать страну и забыть все предрассудки. Вот только погода была не очень хорошая: часто были дожди и грозы и стоял туман. Но мне всё равно понравился мой отдых.

Давайте послушаем.

8 **6** **Послушай, что рассказывают ребята о своём отдыхе. Отметь правильные высказывания.**
▶ Nach SB S. 73/9

Марина		Иван и Игорь	
1. … считает, что самый лучший отдых – узнать новое и познакомиться с культурой и с жителями региона.		1. … согласны с родителями, что активный отдых – это самый лучший отдых.	
2. … убеждена, что Казань – не самый интересный город в России.		2. … считают, что даже плохая погода не сможет испортить им отдых на Байкале.	
3. … хочет на следующий год поехать по самой длинной железной дороге – поТранссибу.		3. … предпочитают поехать на Байкал на поезде.	

Учимся писать.

7 **Ира дала интервью журналисту о своих каникулах. Прочитай текст. Как ты думаешь, на какие пять вопросов журналиста ответила Ира. Напиши эти вопросы.** ▶ Nach SB S. 73/10

На летних каникулах мы были в Сибири, в городе Тобóльске. Это было незабываемое путешествие! Нашей семье нравится организовывать интересные поездки.
Тобóльск – самый главный город Сибири. Это не очень старый город, но его называют Сибирским Сýздалем.
Главная достопримечательность – Тобольский кремль, который находится на высоком берегу реки Ирты́ш. Все думают, что в Сибири очень холодно. Конечно, зимой там очень холодно и местные жители часто говорят туристам: «Это Сибирь, детка!» Но во время нашей поездки погода была хорошая. Было прохладно, но светило солнце. Мне нравятся такие экзотичные путешествия.

shutterstock/Sergei Butorin

Без друга в жизни туго.

Слова – наше богатство.

1 **Найди слова и выпиши их из таблицы.** ► Nach SB S. 75/3

п	н	к	о	ж	у	р	ы	с	ю
б	а	ш	н	я	к	а	н	л	м
е	р	о	т	у	р	в	д	а	у
у	о	о	р	о	а	с	к	д	с
щ	д	ц	а	б	ш	а	й	о	у
е	ш	а	д	ы	е	п	у	с	л
а	т	к	и	ч	н	о	р	т	ь
и	а	м	ц	а	и	г	е	ь	м
к	н	ы	и	й	е	и	п	р	а
л	ы	р	я	е	в	о	п	ё	н
ю	в	р	у	б	а	х	а	ш	е

2 **Опиши национальные костюмы татар. Напиши пять предложений о том, что они носят на народные праздники. Используй эти слова.** ► Nach SB S. 75/3

традиция, народный, костюм, праздник, штаны, тюбетейка, кожаные сапоги, украшение, головной убор, рубаха, яркое платье

S. 67

S. 74

3 **От каких слов образованы эти слова? Заполни таблицу.** ▶ Nach SB S. 75/5

существительное	прилагательное
этничность	этнический
	традиционный
	исторический
	российский
	народный

4 А
4 Б
4 В

Занимаемся языком.

4 **Составь предложения. Verwende *весь, вся, всё, все* im Nominativ.** ▶ Nach SB S. 76/7

В субботу Сегодня Завтра Вчера На выходных	весь вся всё все	Россия город задание школа ребята	идут после школы в кино. празднует Новый год. участвует в соревновании. собирает мусор. было сделано мальчиком.

____

____

____

____

5 **Вставь слова *весь, вся, всё, все* в правильной форме.** ▶ Nach SB S. 76/8

1. ________ население России празднует Новый год.
2. ________ год местные жители празднуют свои национальные праздники.
3. 37 % ________ татар России живёт в Республике Татарстан.
4. Почти ________ туристы любят традиционные татарские сладости.
5. По ________ России проходит Сабантуй – праздник ________ мусульман.
6. У ________ народов есть свои традиции и обычаи.
7. Народные праздники любят во ________ регионах России.
8. Национальная культура татар видна во ________ городе Казани.

Давайте почитаем.

6а **Прочитай текст о Татарстане и о мусульманских традициях в России со словарём. Раздели текст на абзацы. Придумай заголовок к каждому абзацу.** ► Nach SB S. 77/11

imago stock&people/ITAR-TASS

Россия – многонациональная страна, в ней живёт много разных национальностей. В России живут представи́тели[1] разных религий: правосла́вные[2], мусульмане, буддисты … В России живёт больше 5 миллионов татар. Татары – народ, который проживает в центральной европейской части России, а также в Пово́лжье, на Урале, в Сибири, на Дальнем Востоке … Большинство татар – мусульмане-сунни́ты[3]. Многие татары сохранили народные национальные традиции и праздники. У них есть религиозные праздники (они называются *гаете́*) и народные – *байра́м*, что значит *весенняя красота*. Самый древний праздник у татар – Навру́з Байра́м. Это Новый год по мусульманскому календарю. Празднуют этот праздник весело. На столе обязательно должны быть блюда из фасоли, гороха и риса. В этот праздник дети ходят по домам и читают стихи. За это они получают разные сладости. Другой главный и самый любимый национальный праздник татар – Сабантуй. Сабантуй проходит в больших городах и маленьких деревнях. В этот день организуют разные соревнования и конкурсы. На Сабантуй многие носят национальные костюмы, женщины надевают свои самые красивые украшения.

1 Vertreter 2 orthodox 3 самое большое направление в исламе

6 **Ответь на вопросы.**

1. Люди каких религий живут в России? __________

2. В каких регионах живут татары? __________

3. Какие праздники есть у татар? __________

Лучше один раз увидеть.

Занимаемся языком.

1a Ergänze zum jeweiligen Symbol die passenden Präfixe für die Verben der Fortbewegung.
▶ Nach SB S. 79/4

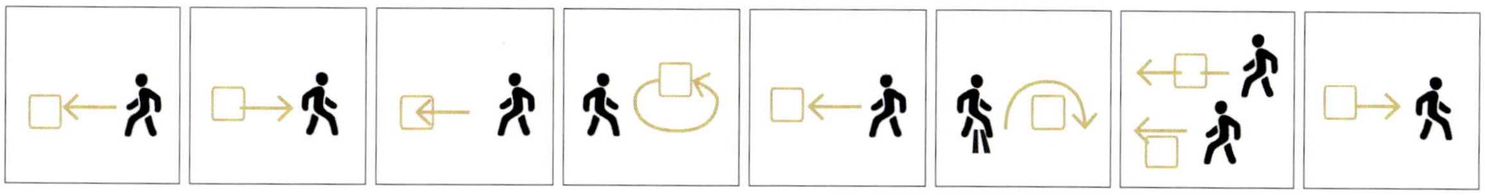

_______ _______ _______ _______ _______ _______ _______ _______

б Ergänze die Präfixe im Text.

В 9 часов Дима _____шел из гостиницы в Улан-Удэ. После нескольких минут он _____шёл в центр города. Сначала он _____шёл до театральной площади и _____шёл перекрёсток. Ему очень понравился фонтан и он _____шёл его. Потом он _____шёл метров 500 и _____шёл в музей истории Буря́тии. Через два часа он _____шёл от группы туристов, с которой он был в музее.

S. 62

2 Добавь правильный глагол. ▶ Nach SB S. 80/7

доехать   объехать   выехать

Автобус __________ в 8:00.

Автобус __________ до музея.

Автобус __________ памятник.

S. 68

3 Найди нужные глаголы движения с приставками. ▶ Nach SB S. 80/7

1. В субботу Нина __________ в Москву. Она будет там учиться в университете.
2. Каждый год к нам __________ гости.
3. Только каждый второй автобус __________ до аэропорта.
4. Автобус из Санкт-Петербурга в Москву __________ в 11:00 часов.

4 **Markiere die Signalwörter. Вставь глаголы движения в правильной форме.** ▶ Nach SB S. 80/8

уехать/уезжать	Поезд в Москву обычно ______________ в 16:10.
	Из-за снега поезд ______________ сегодня в 16:40.
приехать/приезжать	В этом году Коля летом ______________ к другу в Берлин.
	Обычно летом в Берлин ______________ много туристов.
перейти/переходить	Это недалеко. Надо ______________ перекрёсток и идти прямо. Ребята всегда ______________ улицу на пешехóдном перехóде[1].
приходить/прийти	Нина заболела и сегодня не ______________ в школу.
	Тётя часто ______________ к нам в гости.

1 Fußgängerüberweg

Слова – наше богатство.

5 **Опиши проблемы в твоём номере в гостинице.** ▶ Nach SB S. 80/10

____
____

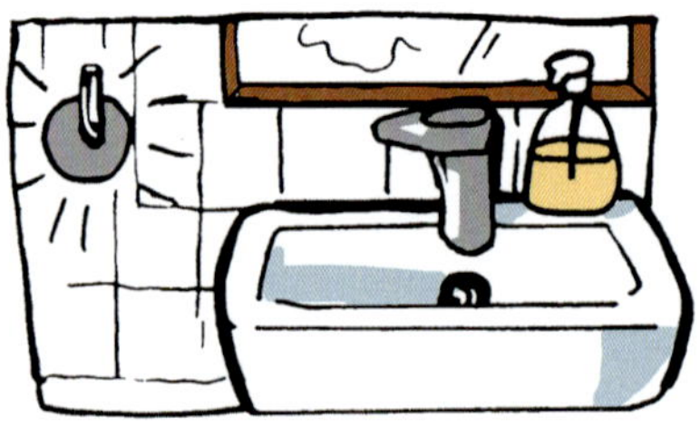

____
____

____
____

Давайте послушаем.

9 **6** **Ты спросил/а в гостинице, как дойти до исторического музея. Послушай ответ администратора и отметь на плане место, где находится музей.** ▶ Nach SB S. 81/11

Помоги другим.

7 **Представь себе, ты с друзьями прилетел/а в Улан-Удэ. Не все твои друзья говорят по-русски. Помоги им в гостинице.** ▶ Nach SB S. 81/12

↗ S. 62
↗ S. 74

Tom: Hallo, ich habe ein Problem in meinem Zimmer. Bei mir im Bad brennt kein Licht.

Ты: ______________________________

Администратор: Какой у вас номер комнаты? Сейчас придёт электрик и починит лампу.

Ты: ______________________________

____

Tom: Zimmer 34. Prima, danke.

Ты: ______________________________

Администратор: Чем я вам могу ещё помочь?

Ты: ______________________________

Tom: Frag ihn, ob er uns etwas für heute Abend empfehlen kann.

Ты: ______________________________

Администратор: В Улан-Удэ люди вечером любят встречаться на улице Ленина. Там есть разные кафе и рестораны. Часто там играют музыканты и можно сидеть прямо на улице. В ресторанах есть блюда бурятской кухни.

Ты: ______________________________

____

____

____

Tom: Das klingt doch toll. Was ist typisch burjatisch? Was essen Sie hier gern?

Ты: ______________________________

Администратор: Наши по́зы – они похожи на пельмени.

Ты: ______________________________

____

Shutterstock / Rrraum

Проверь себя.

Занимаемся языком.

1 Добавь правильные формы глаголов движения.

1. В наш город поезд из Москвы ______________ три раза в день.
   Но в это воскресенье ______________ ещё четвёртый поезд.
2. Каждое утро учитель ______________ в класс в 8 часов.
   В этот вторник он ______________ раньше.
3. Максим обычно ______________ из дома в 6:30.
   Но сегодня он проспал и ______________ в 6:50.

2 Добавь правильную форму суперлатива.

1. В Баварии мы были в ______________ (schön) деревнях.
2. Наш учитель рассказал о ______________ (interessant) местах в центре Москвы.
3. Мы стояли рядом с ______________ (hoch) зданиями Москвы – *Москва-сити*.

Слова – наше богатство.

3 Представь, что ты работаешь в гостинице. Помоги гостям. Придумай и напиши ответы.

____

____

____

____

____

____

____

____

____

Помоги другим.

4 Ученики из Казани хотят больше узнать об обычаях и праздниках в немецких регионах. Передай главное содержание того, что рассказывают ученики из Тюрингии.

Bei uns in Erfurt findet jedes Jahr im Mai das Entenrennen[1] auf unserem Fluss, der Gera, statt. Dazu kaufen Eltern oder auch Kinder eine Spielzeugente und bemalen sie. Jede Ente sieht anders aus – lustig und bunt. Sieger ist die Ente, die am schnellsten schwimmt und zuerst das Ziel im Stadtzentrum erreicht.

1 у́тка, бег – ути́ный бег

____
____
____
____
____
____
____

____
____
____
____
____
____
____

In Wechmar, einem kleinen Dorf im Landkreis Gotha, findet vor Pfingsten das Laubmännchen-Fest statt. Jemand wird heimlich so mit Zweigen verkleidet, dass ihn keiner erkennt. Der Laubmann[1] kommt mit einem Pferd und alle sollen erraten, wer er ist. Sie stellen Fragen, auf die der Laubmann nur nicken darf. Wer ihn errät, bekommt einen Preis und wird der Laubfrosch[2] genannt.

1 ли́ственный коро́ль 2 лягу́шка

Das kann ich schon.

Schätze mit den Smileys ein, was du schon kannst.

Ich kann	☺☺	☺	😐	☹
– über Sitten und Bräuche sprechen.				
– mich im Hotel verständigen.				
– meine Meinung äußern.				

Занимаемся языком.

S. 68

1 Что можно делать одновременно? Составь предложения со словом *когда*. ▶ Nach SB S. 91/5

Максим	бегать по парку	слушать новости
папа	ехать на машине	играть на смартфоне
Света	ехать на метро	слушать музыку
Зина и Олег	идти в школу	петь песни
Ира	убирать комнату	говорить о друзьях

Слова – наше богатство.

S. 75

2 Реши кроссворд и скажи, где у Светы аккаунт. ▶ Nach SB S. 91/4

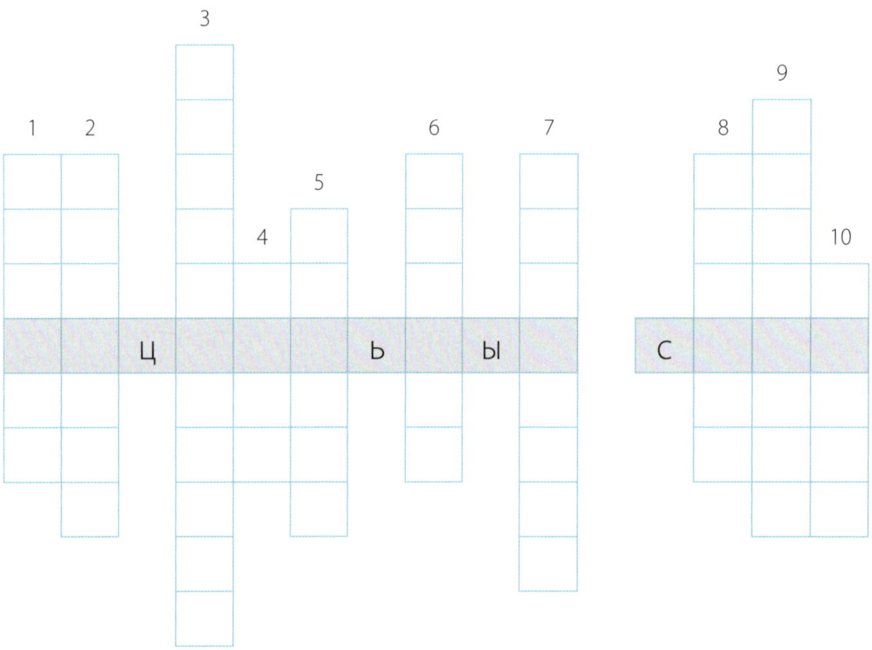

1 Presse	5 online	9 Smartphone
2 Nachrichten	6 Zeitschrift	10 Film
3 Fernsehen	7 Sendung	
4 Website	8 Zeitung	

У Светы аккаунт в ______________________.

3 Журналист Юрий Соро́кин ответил в своём блоге на вопросы учеников. Прочитай его ответы и напиши вопросы, которые ему задали ребята. ▶ Nach SB S. 91/4

Тема	Какую роль играют печатные СМИ сегодня?
 Артём	______________________________ ______________________________
 Юрий Сорокин	Нет, я не так думаю. Печатные СМИ и сегодня играют важную роль. Подумайте о ваших бабушках и дедушках. Наверное, не у всех есть компьютер или смартфон. Многие каждый день читают газеты.
 Женя	______________________________ ______________________________
 Юрий Сорокин	Во всём мире люди читают электронные газеты и у нас в России тоже. Для многих это главный источник новостей. Я могу быстро писать о том, что происходит, и люди сразу могут прочитать об этом.
 Саша	______________________________ ______________________________
 Юрий Сорокин	Это интересный вопрос. Наверное, в 2050 году мы все на 100 процентов будем пользоваться электронными СМИ. И о тех маленьких газетных киосках на наших улицах, которые я так люблю, будут рассказывать только в ска́зках[1].

Fotolia / julien tromeur
Fotolia/Robert Kneschke
shutterstock/ Iconic Bestiary
Fotolia/Robert Kneschke
Shutterstock / LuckyN
Fotolia/Robert Kneschke

1 Märchen

↗ S. 63

4 Скажи по-другому. Vereinfache die Zahlenangaben. ▶ Nach SB S. 92/6

83,3 % взрослых каждый день читают газеты.

____

51,7 % россиян думают, что жизнь без телевизора будет скучной.

____

27 % россиян читают газеты раз в месяц.

____

13 % студентов читают газеты.

____

____

У 97 % учеников 10 классов есть мобильник.

____

____

5 А
5 Б
5 В

Помоги другим.

↗ S. 68

5 **В вашей школе проходит международный проект *Молодёжь и СМИ*. В проекте участвуют ребята из разных стран, поэтому все вопросы опроса записаны по-английски. Напиши эти вопросы для российских учеников по-русски.** ▶ Nach SB S. 92/7

1. How often do you watch TV?

2. Do you read print media? Which media and how often?

3. What is your main source of new information?

4. How do you use modern media for school?

5. For which subjects?

6. What do you use your mobile phone for?

Учимся писать.

6 **Проведи этот опрос в своём классе и составь диаграмму опроса в тетради. Повтори сначала выражения, а потом представь результаты опроса в классе.** ▶ Nach SB S. 93/10

– auf diese Frage antworteten 10 %, dass …

– drei Mädchen gaben an, dass …

– jeder Zweite denkt, dass …

– die Mehrheit ist davon überzeugt, dass …

– man kann sagen, dass die Hälfte der Schüler …

7 **Напиши текст в тетради о результатах опроса упр. 6 в твоём классе.** ▶ Nach SB S. 93/10

СМИ – Слишком Много Информации? 5Б

Слова – наше богатство.

↗ S. 69

1а **Найди на клавиатуре глаголы и запиши их.** ▶ Nach SB S. 95/2

!	?	§	@	%	=	←
скачи-	забло-	добав-	-вать	-вать	-ваться	
зарегс-	игно-	-киро-	-ться	-риро-	-дывать	↵
ис-	выкла-	присы-	-триро-	-кать	-вать	
уда-	дели-	измен-	-лять	-лять	-лать	-ять

____

____

____

б **Дополни слова на тему *СМИ и Интернет*. Finde im Buchstabengitter die fehlenden Wortteile.**

л	е	ш	к	о	а	и	к	и
е	ч	а	н	н	ы	ч	ы	д
т	л	а	н	ш	е	н	о	е
з	ы	н	г	а	к	ы	у	е
о	с	т	у	р	к	п	т	г
и	н	е	ш	о	а	и	б	р
о	б	а	щ	л	у	с	у	о
о	о	б	щ	е	н	и	н	з

1. ф ______ а
2. п ______ ь
3. д ______ п
4. л ______ е
   д ______ е
5. н ______ к
6. п ______ т
7. р ____ к
8. с ________ е
9. у ______ ы
10. в _____ о
11. а ______ т

в **Запиши пять словосочетаний из существительных и глаголов по выбору.**

____

____

____

2 **В твоём классе проходит опрос на тему *СМИ*. Ответь на вопросы письменно.** ▶ Nach SB S. 95/3

1. Для чего тебе нужен ноутбук?

2. Для чего тебе нужен планшет?

3. Что ты обычно делаешь со своим смартфоном?

Занимаемся языком.

↗ S. 63
↗ S. 69
↗ S. 75

3 **Прочитай флаер с советами психолога для учеников и их родителей. Перепиши их по образцу. Употреби слова *если …, то*.** ▶ Nach SB S. 96/4

M Если ученики проводят слишком много времени онлайн, то они могут больше болеть и хуже учиться в школе.

Риски в интернете – это не шутка!

1. Ученики проводят слишком много времени онлайн. Поэтому они могут больше болеть и хуже учиться в школе.
2. У многих ребят всё меньше друзей в реальной жизни. Они проводят больше времени с планшетами, компьютерами и смартфонами.
3. Ребята могут получать обидные сообщения и разные угрозы в социальных сетях. В таком случае нужно обязательно рассказать об этом родителям.
4. Нужно больше времени проводить на свежем воздухе. От жизни в интернете появляются проблемы со сном.

4 **Дай ребятам советы в сослага́тельном наклоне́нии (Konjunktiv).** ▶ Nach SB S. 97/6

– Я опять получила обидное сообщение от Ани. Она часто присылает обидные фотожабы.

– Я ______________________________

– Вчера я скачал новый фильм, но теперь я получаю сообщения от людей, которых я не знаю.

– Ты ______________________________

____

– У меня вчера очень сильно болели глаза. А ночью я плохо спала.

– ______________________________

____

Учимся писать.

5 **Прочитай, что написала мама Артёма в молодёжный журнал. Что ты ей посоветовал/а бы?**
▶ Nach SB S. 97/7

Здравствуйте! У моего сына Артёма проблема. Он рассказал мне, что зарегистрировался в соцсети, чтобы общаться с друзьями. Почти весь его класс там зарегистрирован и сначала мы с мужем не видели в этом ничего плохого. Потом Артём рассказал, что кто-то[1] из его класса ему пишет обидные сообщения и смеётся над ним, но он не знает, кто это. Сначала мы ему посоветовали игнорировать их, но теперь сообщения приходят более обидные. Я хочу помочь своему сыну, но не знаю как.

1 jemand

____

____

____

____

Есть жизнь без смартфона?

Занимаемся языком.

S. 63

1 Составь и запиши пять предложений со словом *чтобы*. ▶ Nach SB S. 99/3

1. Молодые люди часто сидят онлайн,
2. У меня с собой всегда смартфон,
3. Мы посылаем эсэмэски,
4. Мне нужен ноутбук,
5. Я делаю фотографии и видео,
6. Я смотрю телевизор,

чтобы

отдохнуть.
делиться с друзьями.
выкладывать фотографии в соцсетях.
постоянно проверять свои имейлы.
всегда быть онлайн.
общаться с друзьями в соцсетях.

2 Придумай и продолжи предложения по образцу. ▶ Nach SB S. 99/3

M Я достаю камеру, чтобы … →
Я достаю камеру, чтобы сфотографировать лебедей.

1. Мама села на стул, чтобы …

2. Катя договорилась встретиться с подругами, чтобы …

3. Коля больше не хочет получать плохие оценки по английскому языку.
   Он пользуется новым приложением, чтобы …

4. Папа купил новый навигатор, чтобы …

5. Саша любит делать фотографии, чтобы …

Слова – наше богатство.

S. 76

3 **Прочитай текст. Вставь правильные словосочетания.** ▶ Nach SB S. 100/4

уверен | мне кажется | действительно так

выразить своё мнение | хотел бы добавить | может быть

Я хотел бы ______________________ по поводу гаджетов. ________ ________, что изобретение интернета – это очень важное изобретение 20 века. Да, это ______________________, ведь нельзя забывать, что с ним мы можем делать так много! Ещё я ______________________, что иногда дети и взрослые проводят, ________________, даже слишком много времени с гаджетами.

Я ________, что нам всем нужно учиться правильному использованию таких полезных изобретений.

Давайте послушаем.

10

4 **Послушай разговор. Прочитай высказывания и соедини, кто что сказал.** ▶ Nach SB S. 101/7

Я люблю пользоваться гаджетами.

Оскар

мама

Ноутбук помогает делать домашние задания.

Гаджеты помогают в современной жизни.

Ира

Если долго пользуешься планшетом или смартфоном, то болят глаза и голова.

Я советую своим друзьям больше времени проводить на свежем воздухе и меньше пользоваться гаджетами.

Я больше люблю встречаться с друзьями в реальной жизни, в кафе.

Учимся писать.

S. 76

5 **Посмотри на картинку и прочитай высказывания. Потом напиши своё мнение. Используй эти фразы.** ▶ Nach SB S. 100/4

– Это действительно/вообще (не) так …

– Нельзя забывать, что …

– Я думаю по-другому …

– Наверное, мы могли бы …

Взрослые часто думают, что молодёжь слишком много времени проводит со смартфонами, планшетами или перед компьютерами.

А я думаю ______________________________

S. 69

6а **Прочитай флаер о лагере, в котором рассказывают о правилах пользования гаджетами. Напиши в тетради, что можно, а что нельзя делать в этом лагере.** ▶ Nach SB S. 101/8

Правила пользования гаджетами в нашем лагере.

Молодые люди, которые живут в нашем лагере, могут пользоваться своим смартфоном только один раз в день 15 минут. Запрещено использовать другие гаджеты. Ноутбуками и планшетами пользоваться запрещено.

В нашем лагере есть большая библиотека, в которой можно найти много книг и журналов. В день можно брать 3 книги и 2 молодёжных журнала.

Телевизор у нас смотрят несколько раз в неделю по вечерам. Обычно это молодёжные фильмы или комедии.

В лагере разрешается слушать музыку и аудиокниги.

Проводить время на свежем воздухе, купаться, загорать, кататься на лошадях и на велосипедах, заниматься спортом, наслаждаться природой можно сколько хочешь!

6 **Ты был/а уже в таком лагере или слышал/а о таком лагере? Напиши в тетради, как это было или как могло бы быть? Ты можешь также написать о каникулах, о поездке или путешествие, где нет вай-фай.**

Проверь себя.

Занимаемся языком.

1 Вставь правильные слова.

1. __________ я иду в школу, я слушаю музыку на мобильнике.
2. __________ я не понимаю задания, __________ я звоню подруге.
3. Света купила эту книгу, __________ прочитать этот новый роман.
4. ______ снимут фильм по этой теме, ______ Катя, наверное, посмотрит его.

2 Вставь правильную форму сослага́тельного наклоне́ния (Konjunktiv).

1. Я __________ тебе поговорить с ней об этой проблеме. (посоветовать)
2. Мы __________ посмотреть этот фильм. (хотеть)
3. Нам __________ написать об этом в блоге. (надо)
4. – Костя, ты __________ помочь нам скачать музыку. (мочь)
   – Да, могу.

Слова – наше богатство.

3 Добавь глаголы в правильной форме.

Мы и СМИ

Мы уже не можем __________ себе жизнь без новых СМИ. Рядом с нами всегда __________ мобильник или ноутбук. Мы постоянно __________ в интернете, ищем новую информацию. Мы __________ в соцсетях. Много р мы __________ сообщения и __________ с друзьями. Каждый из нас __________ музыку. В соцсетях мы __________ фотографии и часто __________ новых друзей. Но мы очень редко __________ свой пароль. Некоторые люди постоянно __________ быть на связи с друзьями.

Проверь себя.

Давайте послушаем.

11 **4** Послушай интервью с актёром Иваном Викторовичем Ма́рковым. Отметь правильные и неправильные предложения.

	да	нет
1. Об этом актёре можно очень много узнать в интернете.		
2. Ему нравится, что есть так много клипов о нём.		
3. Иван Марков не хочет читать в интернете дискуссии о своей одежде и личных темах.		
4. Актёр сам сделал свои сайты в соцсетях.		
5. Сын актёра хочет сфотографировать и показать отцу фотографии своей подруги.		
6. Марков купит сыну мобильник, когда ему будет 12 лет.		

Учимся писать.

5 Напиши ответ Кате. Добавь свои аргументы и найди компромисс.

www.coulorbox.de/Monkey Business Images

Помогите мне. Меня оста́вили на второй год[1] в 9-м классе. Теперь у меня проблемы с родителями: мне два месяца нельзя пользоваться смартфоном, планшетом и компьютером.
Что я могу сказать папе, чтобы он разрешил мне опять пользоваться моими любимыми гаджетами?
Катя

1 eine Klasse wiederholen, sitzen bleiben

Das kann ich schon.

Schätze mit den Smileys ein, was du schon kannst.

Ich kann	☺☺	☺	😐	☹
– über neue Medien sprechen.				
– Vor- und Nachteile der Mediennutzung benennen.				
– in Diskussionen Argumente äußern.				

Урок 1

Abschnitt A

S.3 ⊙ **3** **Выбери форму императива.**

1. Прочитай/Прочитать задание на странице пять.
2. Марк, позвони/позвонить, пожалуйста, завтра бабушке.
3. Посмотреть/Посмотрите этот фильм, он очень интересный.
4. Слушай/Слушать учителя внимательно.
5. Найдите/Найти в интернете фотографии на тему *Город*.
6. Надин, рассказать/расскажи о твоей поездке.

S.3 ⊙ **5** **Ordne die Deklinationsformen und ergänze die fehlenden Formen.**

крепостям	о крепостях	крепости	крепостей	крепостями
площади	о площадях	площадей	площади	площадям

Nom. ______________________

Gen. ______________________

Dat. ______________________

Akk. ______________________

Instr. ______________________

Präp. ______________________

www.coulorbox.de

Петропа́вловская крепость, Санкт-Петербург

Abschnitt Б

.6 ⊙ **4** **Kreuze die richtige Lösung an.**

🎧 3

	Поезд прибывает		Поезд отправляется	
Объявление 1	☐ 14:19	☐ 14:29	☐ 14:29	☐ 15:38
Объявление 2	☐ 12:50	☐ 17:50	☐ 13:13	☐ 13:35
Объявление 3	☐ 19:14	☐ 19:40	☐ 20:10	☐ 20:09
Объявление 4	☐ 11:15	☐ 15:11	☐ 11:25	☐ 12:25
Объявление 5	☐ 15:20	☐ 16:28	☐ 16:32	☐ 16:30

Abschnitt В

S.8 ⊙ **1** Notiere zu den Komparativformen die jeweilige Grundform.

больше – ______ скучнее – ______ ниже – ______

меньше – ______ лучше – ______ выше – ______

интереснее – ______ веселее – ______ дешевле – ______

S.9 ⊙ **3** Vervollständige die Sätze. Achte dabei auf den Kasus (Fall) der Substantive.

1. Катя младше Оли. → Оля старше ______.

2. Оценки у Саши хуже, чем у Вовы. → У Вовы оценки лучше, ______.

4. У Зои меньше подруг, чем у Риты. → У Риты больше подруг, ______.

Урок 2

Abschnitt А

S.14 ⊙ **5** Соедини слова. Потом сделай упр. 5 на стр. 14.

какой-нибудь никакой что-нибудь никогда кто-нибудь где-нибудь

niemals (irgend)etwas keinerlei (irgend)welcher irgendwo (irgend)jemand

S.15 ⊙ **7б** Заполни ассоциограмму про себя и напиши в тетради 5 предложений о твоём питании.

На обед ______
На завтрак ______
На ужин ______

Я редко/часто ем ______

Я люблю/предпочитаю
______

Abschnitt Б

S.17 ⊙ **4** Lies die Sätze. Übersetze sie. Markiere die Signalwörter. Bestimme, welche Handlung vorliegt – andauernde oder abgeschlossene. Nenne den Aspekt.

M Сейчас мы собираем сумки. Wir packen jetzt die Taschen.
(andauernde Handlung, unvollendeter Aspekt)

1. А Нина уже вчера вечером собрала сумку. ______

______

2. Летом Тим увидел нерп в Байкале. ______

______

Abschnitt B

.20 ⊙ **4** **Ergänze die Personalpronomen. Bilde danach die darauffolgende Verbform mit Personalpronomen.**

M ________ ловит – ________ ____________ → он ловит – мы ловим

_____ разжигаешь → ____________________

_____ выбрасываете → ____________________

_____ собирает → ____________________

____ езжу → ____________________

_____ ловим → ____________________

Урок 3

Abschnitt A

.24 ⊙ **1** **1. Найди и отметь правильный ответ.**

1. Чья это флешка?

☐ Мой. ☐ Моя. ☐ Моё.

2. Чей это мобильник?

☐ Мои. ☐ Моя. ☐ Мой.

3. Чьи это тетради?

☐ Мои. ☐ Моё. ☐ Моя.

4. Чьё это платье?

☐ Твоя. ☐ Твоё. ☐ Твои.

2. Сначала напиши вопросы. Потом дополни таблицу словами из последнего столбика.

maskulin	*feminin*	*neutrum*	*Plural*	
Чей?	______	______	______	компьютер Максима сестра Маши домашнее задание Риты полотенце Иры напитки школьников флешка Коли учебники Саши завод дяди мяч Светы друзья Димы комната бабушки твои карандаши место Олега моя собака стол учителя платье сестры
	флешка Коли			

Д ⊙

S. 24 **2** **1. Допиши формы глаголов.**

учиться	интересоваться	собираться
я учусь	я ___	я собираюсь
ты ___	ты ___	ты ___
они ___	мы интересуемся	они ___

2. Вставь подходящие глаголы в текст.

улыбаться | нравится | смеялись | испортилось

Мы были на концерте известного пианиста и вдруг зазвонил телефон. Пианист спросил: «Чей это телефон? Выключите его, пожалуйста». Музыкантам не ___, когда звонит мобильник. Но этот музыкант стал ___ и играть мелодию этого телефона. Настроение ни у кого не ___, мы ___.

S. 25 **4** **Что подходит? Подбери и дополни предложения.**

Том сегодня проспал, поэтому он очень быстро ___ в школу.

Вечером Том ложится спать рано. Он хочет ___ в 6:30. Он больше не хочет опаздывать в школу.

Том быстро ___, одевается и идёт в школу без завтрака.

Том выходит из дома поздно. Сегодня он ___ в школу.

Abschnitt Б

.28 **3** **Verbinde die jeweils richtigen Wörter miteinander. Bilde Sätze und schreibe sie in dein Heft.**

говорить с	моём	школой
идти до	вашей	дому
ехать к	моим	брате
находиться перед	его	другом
рассказать о	нашему	школы

Abschnitt В

.30 **2** **1. Напиши правильное местоимение к словам.**

M флешка, девушка, собака → своя

1. время, задание, рисование → ______
2. профиль, сын, рассказ → ______
3. проблемы, дети, родители → ______
4. подруга, история, мама → ______

своя
свой
своё
свои

2. Вставь эти местоимения в правильной форме в предложения.

1. Моя подруга рассказала мне о ______ проблемах с родителями.
2. Макс вчера вечером позвонил ______ девушке и пригласил её в кино.
3. Писатель придумал хорошую историю для ______ нового рассказа.
4. Мама приготовила завтрак для ______ детей.

.30 **3** **Дополни предложения. Setze die Wörter in den richtigen Kasus.**

писатель | наш класс | художник | мама | учительница | новый учитель

1. Колин дневник был проверен ______.
2. Музыкальный кружок был организован ______.
3. Картина была нарисована молодым ______.
4. Роман был написан современным ______.
5. Эта интресная книга была прочитана ______.
6. Задание было дано ______ по биологии.

Урок 4

Abschnitt A

S. 36 **5** **Что ты думаешь о таких каникулах? Составь и запиши одно предложение к каждой картинке. Используй словосочетания.**

– самые незабываемые/интересные/скучные каникулы
– (не) интересно путешествовать/ остаться дома/ сидеть за компьютером
– смотреть достопримечательности/ новые города/ знакомиться с историей города

____

____

____

____

Abschnitt B

S. 41 **2** **Ergänze die passenden Präffixe.**

Нина _____шла из гостиницы. Она _____шла до метро.
Она _____шла киоск и _____шла в метро.
Через 10 минут она _____ехала на центральную площадь города.

S. 43 **7** **Помоги туристам в гостинице.**

____

____

____

Урок 5

Abschnitt A

47 **4** **Выбери правильный вариант. Иногда правильны два варианта.**

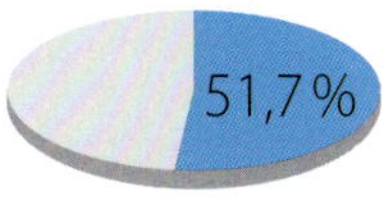

меньше тридцати процентов
примерно десять процентов
почти все
примерно одна десятая
большинство
половина
одна треть

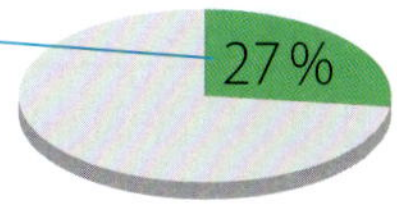

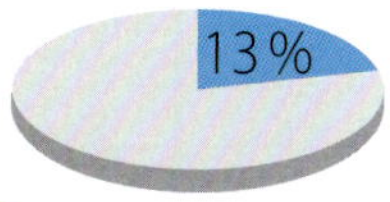

Abschnitt Б

50 **3** **Составь и запиши в тетрадь три предложения по выбору.**

если … → то …

если …	то …
погода будет хорошей	можно скачать её в интернете
хочешь зарегистрироваться в соцсетях	мы пойдём купаться
хочешь посмотреть интересную передачу	написать сообщение друзьям
тебе скучно	идти с друзьями играть в футбол
слишком много сидеть онлайн	можно прочитать их в интернете
тебя интересуют новости	надо придумать себе пароль

Abschnitt В

52 **1** **Отметь правильный ответ.**

1. Я использую свой смартфон, чтобы
- [ ] смотреть фильмы.
- [ ] быть онлайн.
- [ ] мыть посуду.

2. Папа ставит будильник, чтобы
- [ ] не проспать.
- [ ] рано встать.
- [ ] проспать.

3. Мы используем новое приложение, чтобы
- [ ] слушать музыку.
- [ ] лучше учить русский язык.
- [ ] ходить в кино.

4. Школьники пошли в парк на прогулку, чтобы
- [ ] делать уроки.
- [ ] быть на свежем воздухе.
- [ ] найти адрес.

Д

Wie auch in deinem Schülerbuch (S. 124–132) findest du hier weitere Aufgaben zum Üben. Entscheide selbst, welche für dich die richtigen sind.

Урок 1

Abschnitt A

S. 2 **2** Дай совет. Напиши предложения в императиве.

(позвонить) Нине и (поздравить) её, (не забыть) шарф, (надеть) куртку, (купить) подарок и цветы, (показать) фотки из отпуска, (давать, посмотреть) фильм

1.

2.

3.

S. 3 **5** Добавь окончания. Unterstreiche die Substantive der III. Deklination.

Дорогие гост______!

Приезжайте познакомиться с уникальной культурой и знаменитыми достопримечательност______ нашего региона. Наш гид познакомит вас со старинными церкв____ и крепост_____, которые были построены очень давно. Туристы и гост____ нашего города любят фотографировать эти достопримечательност____.

Познакомьтесь с современной жизн_____ нашего региона. Нигде нет так много знаменитых церкв_____ и крепост_____, как у нас.

Несколько дн_____ в нашем городе сделают вашу жизн____ интереснее!

.4 **6** **Напиши предложения. Вставь слова из скобок в правильной форме.**

1. Родители Оли работают *кем? где?* … (кондитер, фабрика)

____

2. Мама Коли работает … (учительница, школа)

____

3. Мои родители работают … (гид, туристическая фирма)

____

4. Папа Светы работает … (врач, клиника)

____

Abschnitt B

.9 **3** **Придумай и сравни. Вставь подходящие прилагательные в сравнительной форме.**

Су́здаль · музей города Пермй · здание театра · старая гостиница · Тюме́нь · комфортный · современный · привлекательный · старый · знаменитый

1. Здание нового стадиона ____________, чем ____________
2. Москва ____________ для туристов, ____________
3. Москва ______________________________
4. Эрмитаж ______________________________
5. Новый отель ______________________________

Урок 2

Abschnitt A

14 **4** **Вставь наречия и местоимения с *-нибудь*.**

1. – Что вы хотите на ужин?

   – Не знаем, ____________ сладкое.

2. – Здесь ____________ можно купить напитки?

   – Да, но лучше купить по дороге.

3. – У вас есть ещё ____________ желания?

   – Да, мы хотели бы заказать горячее блюдо из мяса.

Abschnitt Б

S.16 **2** Тим хочет организовать экскурсию на озеро Байка́л. Напиши его план полными предложениями на русском языке.

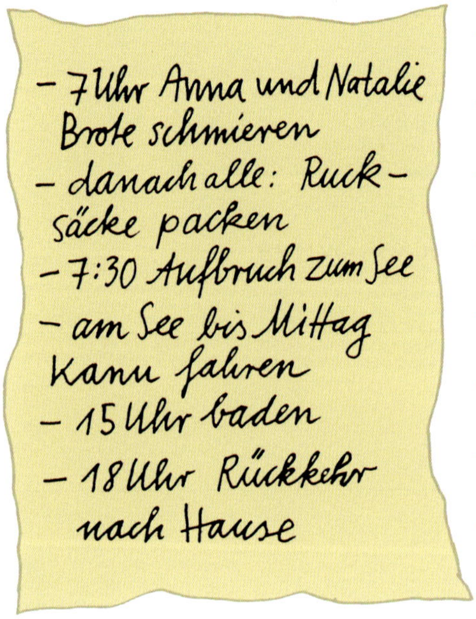

Урок 3

Abschnitt A

S.25 **3** Прочитай и дополни рассказ Да́рьи.

shutterstock / arek_malang

Я __________ в семь утра. Моя школа находится недалеко от дома. Я почти никогда не __________ по утрам. Я встаю, завтракаю, одеваюсь, умываюсь и иду в школу. Потом я почти весь день __________ в школе. После школы я __________ домашними делами, помогаю маме. Я люблю помогать маме и __________ собаку. А вот __________ комнату или __________ мусор я не люблю. По выходным я __________ до десяти, мне не очень хочется рано вставать. Потом я __________ с друзьями, хожу плавать в бассейн или __________ спортом. Вечером я опять помогаю родителям, сижу в интернете или читаю. Иногда по выходным я __________ на ночь у моей лучшей подруги. Тогда мы ложимся __________ очень поздно.

Abschnitt B

30 **1** Придумай как зовут ребят и напиши предложения с местоимением *свой*.

____

____

____

____

____

Урок 4

Abschnitt A

36 **3** Напиши факты. Используй суперлатив.

Байкал – это ______________________________ озеро в мире.

Транссиб – ______________________ железная дорога в мире.

Россия – ______________________ страна в мире.

Оймякон – ______________________ место в мире, где живут люди.

Abschnitt Б

39 **3** Добавь походящие названия стран.

Марио и Лусия приехали из __________. Марио – итальянец, а Лусия – итальянка. Они прекрасно знают итальянский язык. Марио приехал в ________ и учит в университете русский язык.

Карлос живёт на острове Мадейра в __________. Он – португалец. Его подруга Изабелла приехала из __________. Она – испанка. Она живёт в ______________ и учит португальский язык. Раньше она жила во ____________ и учила там французский язык.

Д

Abschnitt B

S. 41 **3** К вам приехали ученики из России. Вечером они хотят пойти в театр, но не знают, где он находится. Они написали тебе эсэмэску. Посмотри на карту и напиши им, как добраться до театра. Используй эти глаголы в императиве.

выйти | идти | доехать | перейти | обойти | пройти

Урок 5

Abschnitt A

S. 46 **1** Выбери и напиши, что можно делать одновременно.

S. 48 **5** Кроме опроса среди молодёжи, ты хочешь опросить и родителей. Придумай пять вопросов для опроса *Родители и новые СМИ*.

Abschnitt Б

49 **1** **Прочитай текст. Вставь слова, которые подходят по смы́слу (sinngemäß).**

Сегодня все люди, не только молодёжь, уверено пользуются ________________ и проводят много ________________ онлайн.

Fotolia/sdecoret

Например, мой друг Костя может быть онлайн целый день. Он отвечает на сообщения в любое ________. Конечно, интернет, компьютеры и ________________ делают нашу жизнь намного легче и интереснее, но иногда это приносит и проблемы. Например, некоторые получают обидные ________________, угрозы и сообщения. Их можно ________________ и не обижаться, но лучше просто не так часто быть в ________________ и не выкладывать личную информацию в ________________. Лучше общаться с людьми в реальной ________________.

50 **3** **Придумай, что можно посоветовать друзьям в этих ситуациях.**

1. Если ты хочешь быть онлайн …
2. Если ты хочешь быть на связи с …
3. Если ты получаешь обидные сообщения …
4. Если ты любишь слушать музыку …

____

____

____

____

____

____

____

Abschnitt В

54 **6** **1. Напиши письмо своему другу/ своей подруге по обмену из России о том, как ты пользуешься новыми СМИ и для чего. Задай и ему/ей разные вопросы.**

2. Напиши короткий ответ на такое письмо в тетради.

Д

Д

Wie auch in deinem Schülerbuch (S. 133–144) findest du hier weitere Aufgaben zum Üben. Entscheide selbst, welche für dich die richtigen sind.

Урок 1

Abschnitt A

S. 3 **3** **Прочитай текст и напиши глаголы в форме повелительного наклонения.**

быть   взять (2)   включить   добавить   забыть   написать   откорректировать   подобрать   попробовать   попросить   потренироваться   приготовить   придумать   разобраться   сделать (2)

Colourbox/Arman Zhenikeyev

________ сюрприз для мамы!

Часто не заешь, что подарить маме на день рождения. ________ сделать что-то необычное. ________ для мамы музыкальный подарок.

1. ________ простую программу для записи музыки и обработки голоса. ________, как она работает, или ________ друзей помочь тебе. Если сможешь, ________ музыку сам/а, а если нет, то ________ фонограмму.

2. ________ слова на музыку песни. ________ уверен/а – у тебя всё получится!

3. ________! ________ пару уроков у знакомых музыкантов.

4. ________ запись, ________ её и не ________ правильно преподнести сюрприз. ________ в праздник мамину любимую музыку и ________ в плейлист твою особенную песню.

Abstnitt Б

16 Прочитай и дополни подходящими словами биографию А. Са́харова. Напиши к ней вопросы. Ты можешь употребить эти вопросительные слова.

Куда? | В каком году? | На какой? | Кем? | Какую? | Когда?

laif/CONTRASTO/A3/ANGELO PALMA

А. Д. Са́харов (1921 г.–1989 г.)

Андрей Дми́триевич Са́харов (21 мая 1921 г., Москва – 14 декабря 1989 г., Москва) – ______________ известный учёный-физик и общественный деятель.

____________ А. Сахарова прошло в Москве. Он ______________ среднюю школу в 1938 г. и поступил на физический факультет Московского Государственного Университета. После начала войны, летом 1941 г., он пытался поступить в военную академию, но не был принят по состоянию здоровья. В 1942 г. Сахаров ____________ университет с отличием. В 1943 г. Андрей Сахаров ____________ на Клавдии Ви́хиревой. У них было трое детей – две дочери и сын. В 1970 г. во время поездки в Калугу он познакомился с Еленой Бо́ннэр, а в 1972 ____________ на ней. У неё было двое детей. Сахаров не только занимался физикой, но и __________ большое ____________ на развитие современных СМИ. Уже в 1974 г. он писал о том, как люди в будущем будут общаться через большие расстояния. В 1975 г. Сахарову была присуждена Нобелевская премия мира. В 1980 г. он был сослан в закрытый город Го́рький, который в то время не могли посещать иностранцы. В конце 1986 г. он ______________ из Го́рького в Москву.

Abschnitt B

S. 9 **4** **Перепиши предложения, вставь пропущенные буквы.**

1. На распр__дажах можно купить пр__дукты д__шевле, чем __бычно.

2. В России любят п__купать д__р__венские яйца,

масл__, м__локо и см__тану.

3. На даче или в д__ревне на __городе можно выращивать

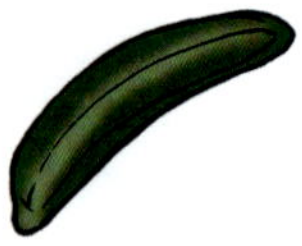

свежие ов__щи: п__мидоры, __гурцы, пер__ц, м__рковь.

4. П__купателям д__вали флаеры, на которых были написаны

магазины, где можно купить д__шевле и больше пр__дуктов.

Урок 2

Abschnitt A

S. 13 **1** **Разгадай загадки и запиши ответ.**

1. С мылом, чистою водой
Руки мой перед ________.

2. В деревне где-то далеко
Даёт корова ________.

3. Яйцо – такой кружок,
Есть в нём белок, и есть – ________.

4. Салат заправить им так классно!
Вкусно растительное ________.

6. Чтоб здоровым, сильным быть,
Надо ________ любить.

7. Есть в нём кальций и белок,
Ешьте чаще вы ________.

Abschnitt Б

S. 16 **1** **Напиши глаголы правильно. Определи их вид. Потом напиши пару по виду.**

M р_шить → решить (v.) – решать

и__купаться ____	– ________	с__бирать ____	– ________
__тправиться ____	– ________	и__чезать ____	– ________
п__кататься ____	– ________	бр__сать ____	– ________
воз__ращаться ____	– ________	п__ложить ____	– ________
__лучиться ____	– ________	вид__ть ____	– ________
в__третить ____	– ________	пр__гнуть ____	– ________

Урок 3

Abschnitt A

24 **1** **Составь вопросы к предложениям.**

М <u>Наших</u> сумок здесь нет. → <u>Чьих</u> сумок здесь нет?

1. В классе говорят о наших тетрадях.

____

2. Родители гордятся нашими успехами.

____

3. Домашние задания Саши и Ивана были сданы учительнице.

____

Abschnitt Б

29 **5** **1. Твой друг/ Твоя подруга из России хочет узнать твоё мнение о новой электронной карте. Прочитай сначала текст на стр. 29 упр. 5. Потом прочитай мнения родителей и запиши в тетрадь свои аргументы <u>за</u> и <u>против</u> такой карты.**

2. Придумай и создай флаер об этой электронной карте. Придумай оригинальное название и другие функции карты.

Abschnitt В

0 **3** **Напиши предложения по образцу.**

М кружки – организовать – учителя → Кружки были организованы учителями.

1. я – работа – по дому – сделать

____

Запомни:
я – мной →
Это было сделано мной.

2. рассказы – написать – писатель – а – картина – написать – художник

____

____

Запомни:
писать картины

Д

Урок 4

Abschnitt Б

S.39 **3** **Дополни таблицу.**

Америка	американец		американский
Франция	француз		французский
Чехия	чех		
Германия			
Испания	испанец		испанский

Abschnitt В

S.43 **7** **Ты находишься в отеле в Улан-Удэ. Администратор не знает иностранных языков. Помоги ему понять гостей и напиши, что он может им ответить.**

Гость 1 : ______

Администратор: ______

Гость 2: ______

______

Администратор: ______

______

Гость 3: ______

Администратор: ______

______

Урок 5

Abschnitt А

46 **2** **1. Отгадай, какое слово здесь загадано.**

1. Ты пользуешься этим, чтобы звонить, играть в игры. Иногда ты используешь его как навигатор, делаешь фотки и пишешь сообщения. ____________
2. Ты пишешь в нём о том, что происходит в твоей жизни, что в ней есть интересного или необычного. Твои друзья читают его. ____________
3. Здесь показывают фильмы, спортивные передачи, новости и т. д. ____________
4. Эти люди читают новости в интернете, при помощи смартфона, компьютера или ридера. ____________
5. Ты пользуешься ими, чтобы общаться с друзьями, быть на связи, смотреть фотки друзей, писать им сообщения. ____________

2. Придумай свои загадки из новых слов на тему *СМИ*. Используй минимум пять новых слов. Твой партнёр/ Твоя партнёрша должны отгадать, какое слово ты загадал/а.

Abschnitt Б

50 **3** **1. Соедини части пословиц и запиши их полностью.**

то бы до неба долезли	то во рту росли б грибы
тогда был бы не рот, а целый огород	если бы знал, где упадёшь
то подстелил бы соломку	если бы мы «если» поставили на «если»
если бы да кабы	

____

____

____

____

2. Напиши в тетради своими словами, как ты понимаешь смысл этих пословиц.

Д

Abschnitt B

S. 53 **3** **1. Выскажи своё согласие с собеседником. Запиши свой ответ. Ты можешь пользоваться фразами из учебника на стр. 100 упр. 4б.**

M Собеседник: Я часто встречаюсь с друзьями, чтобы отдохнуть в парке.
Ты: Согласен/Согласна. На свежем воздухе полезно отдыхать.

Собеседник: Мы с друзьями часто ходим гулять в парк.

Ты: ______________________________

____

Собеседник: Интернет – одно из самых значительных достижений науки.

Ты: ______________________________

____

2. Вырази своё несогласие с собеседником. Запиши свои ответы.

Собеседник: Мне нужен смартфон. Я могу учить новые слова только с приложением.

Ты: ______________________________

____

Собеседник: Мне нужен навигатор, чтобы быстрее находить нужный адрес.

Ты: ______________________________

____

Собеседник: Без интернета современному человеку скучно.

Ты: ______________________________

____

S. 54 **5** **1. Посмотри на рисунок и прочитай шутку.**

2. Напиши небольшое сочинение о том, как техника управляет нами и нашей жизнью.

– Как ты думаешь, телефон управляет нами или мы управляем техникой? Кто чей хозяин?
– У тебя так уже было, что ты проводил/а с телефоном больше времени, чем хотел/а?
– Что нужно/можно делать, чтобы ты, а не твой гаджет управлял тобой?

Hier findest du die Lösungen zu allen Testaufgaben.

Gehe dabei so vor:
1. Löse erst alle Aufgaben selbstständig und ohne Hilfsmittel.
2. Vergleiche dann deine Ergebnisse mit den Lösungen hier.
3. Markiere deine Fehler mit Textmarker.
4. Überlege selbst, wie der Fehler entstanden sein könnte.
5. Nutze dann die Hinweise in der 3. Spalte, um deine Kenntnisse zu verbessern.
6. Bitte hier auch Mitschüler/innen oder deine/n Lehrer/in um Hilfe.
7. Wenn du möchtest, kannst du die Testaufgaben im Schülerbuch auch noch einmal lösen.

Wichtig ist bei Testaufgaben, dass du ehrlich arbeitest und nicht nur die Lösungen abschreibst. So bist du zwar schnell fertig, weißt aber nicht, was du wirklich schon kannst und was du noch einmal wiederholen musst.

Lektion Seite/ Übung	Lösung	Wenn du noch Probleme hast, helfen dir folgende Hinweise. SB S. 10/1 = Schülerbuch Seite 10 Übung 1 AH = Arbeitsheft G = Regel im grammatischen Anhang des Schülerbuchs
Урок 1 S. 11/1	1. откройте (В); 2. прочитай/прочитайте (Д); 3. ответь/ответьте (Г); 4. познакомься/познакомьтесь (Б); 5. купи/купите (А)	– Wiederhole die Bildung der Imperativformen. Sieh dir dazu die Übung in deinem SB S. 11/4 an und nutze den Anhang deines SB S. 146 G 1.
S. 11/2	площади, национальностей, новостях, крепостью, церквям	– Wiederhole die III. Deklination der Substantive. Mache dazu die Übungen 7–9 SB S. 12 und nutze den Anhang deines SB S. 147 G 2.
S. 11/3	1. больше; 2. лучше/более хорошая; 3. интереснее; 4. старше	– Wiederhole die Bildung der Komparativformen und wie du den Vergleich ausdrücken kannst. Nutze deinen Grammatikanhang SB S. 148–149 G 3.
S. 11/4	1. не нравится; 2. часто; 3. с друзьями Бориса	– Höre dir noch einmal Track 2 in deinem AH S. 4/9 an und unterstreiche die richtige Antwort. 1. Калу́га находится на берегах *Оки́/Во́лги*. 2. В Калу́гу можно доехать на *электричке/автобусе*. 3. В Калу́ге *есть много разных заводов/не очень много фирм*. 4. Гид рассказывает о *кинотеатре Восток/ театре и музее*. 5. Недалеко от города *мало магазинов/можно хорошо отдохнуть*.

S. 12/5	Pjatigorsk ist ein Kurort im Kaukasus. Die Stadt befindet sich in den Bergen. Dort kann man sehr schön wandern und die Natur genießen. Vom 5. bis 19. Oktober findet dort ein Poesiefest zu Ehren des russischen Dichters Lermontov statt, der in Pjatigorsk bei einem Duell ums Leben kam. Die Stadt wird gerne von Touristen besucht.	– Lies noch einmal in deinem Methodenanhang SB S. 164–165 den Abschnitt zur Sprachmittlung/Mediation durch und löse die dazugehörige Aufgabe.
Урок 2 S. 22/1	1. ничего; 2. кого-нибудь; 3. этот/тот	– Wiederhole folgende grammatische Regeln: die Negativpronomen und Negativadverbien SB S. 149–150 G4; die Indefinitpronomen und Indefinitadverbien mit *-нибудь* SB S. 150–151 G 5; die Demonstrativpronomen *этот* und *тот* SB S. 152 G 7.
S. 22/2	1. слушал, читал, ел 2. послушал, прочитал, поел	– Wiederhole die Verwendung der Aspekte des Verbs bei parallel ablaufenden und aufeinanderfolgenden Handlungen SB S. 151–152 G 6. – Übe noch einmal mit der Aufgabe im AH S. 17/4.
S. 22/3	В прошлом году мы решили поехать на Байкал и собрали рюкзаки. По дороге мы любовались уникальной природой и растениями. Мы видели, что на Байкале нельзя разжигать костёр и выбрасывать мусор. Когда мы пришли к озеру, нам было очень грустно, потому что там было очень много мусора.	– Übe noch einmal mit der Aufgabe im AH S. 16/2.
S. 23/4	1. готовим/советуем; 2. положила; 3. среды; 4. на берег/домой; 5. кормить/увидеть; 6. собираем; 7. йогурт и фрукты/бутерброды; 8. сладкое; 9. очень много	– Wiederhole die Lexik der Lektion 2 SB S. 182–187. – Übe noch einmal, wie du dich zu Ernährungsgewohnheiten äußern kannst. Wiederhole dazu die Übungen im SB S. 33/12–13.
S. 23/5	z. B. Вчера я с друзьями был/а у озера. Была очень хорошая погода, светило солнце, было очень тихо и хорошо. Я был/а рад/а, что было так тихо и сразу забыл/а о стрессе города.	– Wiederhole, wie du Ereignisse und deine Gefühle beschreiben kannst. Nutze dazu die Redemittel SB S. 234.
Урок 3 S. 33/1	1 | 2 | 3 | 4 | 5 | 6 | 7 Е | Б | Г | Ж | Д | А | В	– Wiederhole die Vokabeln der Lektion 3Б im SB S. 189–190.
S. 33/2	1. собираюсь; 2. учится; 3. участвует; 4. расписываются	– Wiederhole die Konjugation der reflexiven Verben SB S. 153–154.
S. 33/3	1. свою, его; 2. своей, её; 3. своему	– Wiederhole die Deklination des reflexiven Possessivpronomens *свой* und den Gebrauch von *свой* und *его, её, их* SB S. 155–156 G 12.

S. 34/4	1. своей матери; 2. свою дочь; 3. свою дочь; 4. со своей матерью	– Wiederhole die Deklination des reflexiven Possessivpronomens *свой* SB S. 155 G 12 und die Deklination der Sonderformen *мать* und *дочь* SB S. 147 G 2.
S. 34/5	Ort der Veranstaltung: Planetarium Moskau; Datum: 14. Februar; Programm: heißt *Sterne und Liebe*, (für alle Verliebten), moderne romantische Musik, romantischer Film, Erzählungen und Legenden über die *Liebe der Sterne*	– Lies noch einmal in deinem Methodenanhang SB S. 164–165 den Abschnitt zur Sprachmittlung durch. – Übe noch einmal mit der Aufgabe im AH S. 28/4.
Урок 4 S. 44/1	1. приезжает, приехал; 2. приходит, пришёл; 3. выходит, вышел	– Wiederhole die Verwendung der präfigierten Verben der Fortbewegung SB S. 158–159 G 17. – Übe noch einmal mit der Aufgabe im SB S. 80/9.
S. 44/2	1. самых красивых; 2. самых интересных; 3. самыми высокими	– Wiederhole die Bildung des Superlativs SB S. 157 G 14. – Übe noch einmal mit den Aufgaben im SB S. 72/5–6.
S. 44/3	z. B. 1. Хорошо. Мы починим вам лампу. 2. Я посоветую вам посмотреть наши главные досторимечательности города – церковь на центральной прощади и парк. 3. Билеты на поезд вы можете купить на вокзале или по интернету. Вот адрес.	– Wiederhole die Lexik der Lektion 4B im SB S. 197–199. – Übe noch einmal mit den Aufgaben im SB S. 80/10 und S. 81/11.
S. 45/4	z. B. У нас в Эрфурте каждый год проходит соревнование Утиный бег (Entenrennen) на реке Гера. Родители или дети покупают утки и рисуют на них разными цветами. Самая быстрая утка получает первое место. В деревне Вехмар уже много лет проходит праздник Лиственный король (Laubmännchen-Fest). Мальчик или девочка одевается в зелёный костюм и играет эту роль. Никто не знает кто это. Все задают ему/ей вопросы. Кто первым назовёт его имя, получает приз.	– Lies noch einmal in deinem Methodenanhang SB S. 164–165 den Abschnitt zur Sprachmittlung/Mediation durch.
Урок 5 S. 55/1	1. Когда; 2. Если, то; 3. чтобы; 4. Если, то	– Wiederhole folgende grammatische Regeln: die Temporalsätze SB S. 160 G 18; die Bedingungssätze SB S. 161 G 20; die Finalsätze SB S. 162 G 22. Übe noch einmal mit den Aufgaben im SB S. 91/5б und S. 96/4, 99/3.
S. 55/2	1. посоветовал/а бы; 2. хотели бы; 3. надо бы; 4. мог бы	– Wiederhole den Konjunktiv SB S. 162 G 21. – Übe noch einmal mit der Aufgabe im SB S. 97/6.

S. 55/3	представить, лежит, сидим, зарегистрировались, пишем, общаемся, скачивает, выкладываем, добавляем, изменяем, хотят	– Wiederhole die Lexik der Lektion 5Б im SB S. 202–204. – Übe noch einmal mit der Aufgabe im SB S. 95/26.
S. 56/4	1. да; 2. нет; 3. да; 4. нет; 5. да; 6. нет	– Lies noch einmal in deinem Methodenanhang SB S. 163–164 den Abschnitt zum Hörverstehen durch.
S. 56/5	z. B. Я посоветовал/а бы тебе, сказать папе, что ты будешь меньше сидеть в интернете. Ещё я думаю, что тебе надо расскать ему, что с компьютером можно делать и много полезного, например, учить новые слова, писать тексты и искать новую и полезную информацию. А в чате ты можешь спросить совета или попросить помочь тебе, если ты не понимаешь задания. Ещё ты могла бы спросить его, когда и сколько времени он мог бы разрешить тебе пользоваться гаджетами.	– Übe noch einmal mit der Aufgabe im AH S. 53/3. – Lies noch einmal in deinem Methodenanhang SB S. 172 den Abschnitt „Meinungen ausdrücken" durch.

Hörübungen des Arbeitsheftes

Track 1 Urheberrechtshinweis

Track 2	Урок 1А	Übung 9 *S. 4*
Track 3	Урок 1Б	Übung 4 *S. 6*
Track 4	Урок 1 Test	Aufgabe 4 *S. 11*
Track 5	Урок 2 А	Übung 6 *S. 15*
Track 6	Урок 3 А	Übung 6 *S. 26*
Track 7	Урок 3 В	Übung 7 *S. 32*
Track 8	Урок 4 А	Übung 6 *S. 37*
Track 9	Урок 4 В	Übung 6 *S. 42*
Track 10	Урок 5 В	Übung 4 *S. 53*
Track 11	Урок 5 Test	Aufgabe 4 *S. 56*